경영자에게 가장 필요한 자질은 머리가 아니라 문제를 앞에 두고 달아나지 않을 용기다!

―경영계의 영웅 Alex Rogo

30년이 지나도 변함없는 진리,
병목도 뒤집으면 병목이 아니다!

—Eliyahu M. Goldratt

첨단시대의 경영 바이블

위기탈출 경영혁명

위기탈출 경영혁명-첨단시대의 경영 바이블

개정판 1쇄 인쇄 2020년 9월 10일
개정판 1쇄 발행 2020년 9월 15일

저　　자 : 엘리 골드렛 · 로버트 폭스
역　　자 : 홍 성 완
발행인 : 이 미 숙
교　　정 : 이 동 영
인　　쇄 : 백호인쇄
제　　책 : 백호제책
발행처 : 새길아카데미
주　　소 : 서울특별시 마포구 서강로 11길 24
ISBN : 978-89-97759-72-9(03320)

첨단시대의
경영
바이블

위기
탈출
경영
혁명

엘리 골드렛 · 로버트 폭스 지음

홍성완 옮김

새길아카데미

The Race by
Eliyahu Moshe Goldratt and Robert E. Fox

One of the world's most sought after business leaders

© Copyright 1992 Saigilacademy Publishing Co.
Reprinted 2020 by Saigilacademy Publishing Co.

:: 목차 ::

_____
제 1 장: 제로베이스에서 출발하라

1. 첨단 기술시대의 최선의 선택은 무엇인가? · 16
2. 기업의 목표는 오직 하나이다 · 19
3. 손쉽게 돈 버는 법 · 21
4. 비용에 근거한 판단은 자살행위 · 23
5. 비용개선이냐, 품질개선이냐? · 25
6. 비용 때문에 제품을 창고에 쌓아두랴? · 27
7. 비용만 따지는 경영자는 0점 · 29
8. 재고는 현금이 아니다 · 31
9. 재고관리로 돈 버는 방법 · 33
10. 재고는 악(惡)이다 · 35

:: 목차 ::

___
제 2 장: 시계 제로- 무한경쟁시대

11. 벼랑 끝에 선 미국기업 · 40
12. 선진 기업의 목표는 100만분의 1 · 43
13. 1초를 다투는 신제품 개발경쟁 · 45
14. 100% 완전 자동화 기업들 · 47
15. 자재관리에서 기선을 제압해라 · 49
16. 재고회전은 환상이 아니다 · 51
17. 영원한 강자는 없다 · 53

___
제 3 장: 선진기업의 신화적 품질혁명

18. 21세기 경제의 6가지 경쟁력 · 58
19. 재고가 당신의 발목을 잡는다 · 61
20. 재고 감축이 경쟁력을 약속한다 · 63
21. 데밍 박사에게 배우다 · 65
22. 최고의 품질 비법은 '재고기피증' · 68
23. 기능 개량의 지름길 · 70
24. 신제품 출시에서 앞서가자 · 72

제 4 장: 재고를 보고 기업의 장래를 읽는다

25. 악몽 같은 월말 피할 수 있다 · 76

26. 오버타임의 진짜 원인 · 78

27. 월말 증후군 퇴치법 · 80

28. 초과 장비구입의 주범 · 82

29. 무능한 경영자가 고객을 탓한다 · 84

30. 수요예측은 믿을 만한가 · 86

31. 짧은 리드타임은 생존의 열쇠 · 89

32. 재고 수준이 리드타임을 결정한다 · 91

33. 경쟁력으로 통하는 길 · 94

34. 재고는 영원한 2류 시민인가? · 96

:: 목차 ::

제 5 장: 첨단시대의 경영-동시생산

35. 동시생산이란 무엇인가? · 100
36. 행렬의 늘어남을 막아라 · 102
37. 병사들을 재정렬하라 · 104
38. 좋은 아이디어지만 너무 비싸다 · 106
39. 드러머와 독려상사 · 108
40. 병사들의 귀마개 · 110
41. 노동자를 놀리지 마라 · 112
42. '무조건 많이'는 잘못된 상식 · 114
43. 불협화음을 내는 드라마 · 116
44. 병사들을 로프로 묶자 · 118
45. 버퍼-로프 시스템의 열쇠 · 120
46. 서구식 방법-Just in Case · 122
47. JIT 아니면 JIC-로프 아니면 도끼? · 124

제 6 장: JIT를 능가하는 새로운 시스템

48. JIT와 JIC의 약점을 제거하다 · 128

49. 드럼-버퍼-로프 시스템 · 131

50. 드럼-버퍼-로프 시스템 설계 · 133

51. 높은 납기일 준수능력 보장하기 · 135

52. DBR 시스템의 보편적 적용 · 138

53. 먼저 병목(瓶木, Bottleneck)을 찾아라 · 140

54. 병목 스케줄 짜기 · 142

55. 스케줄 복잡하게 만드는 경우 · 144

56. DBR 버퍼는 우리 문화와 충돌한다 · 147

57. DBR 로프는 경영문화의 혁신을 요구한다 · 149

:: 목차 ::

제 7 장: 21세기의 진정한 승자

58. 지속적 개혁만이 살길이다 · 154
59. 시간 버퍼의 이해 · 157
60. 버퍼 내용은 계속 변한다 · 159
61. 실제 버리는 계획된 버퍼와 달라야 한다 · 161
62. 시간 버퍼의 관리 · 163
63. 버퍼 내의 구멍 · 165
64. 사고 요소 계산 · 167
65. 최소의 비용으로 최대의 이득 · 169
66. 가장 큰 구멍에 집중하라 · 171
67. 사고 줄여 경쟁력 얻기 · 173
68. 병목 다루기 · 175
69. 생산성 플라이휠 · 177
70. 결승점은 없다 · 180

부 록: 지속적 개혁과정

변화에 대한 자세의 이해 · 188
보편적 주인의식의 획득 · 190
그룹 합의에 도달하기 · 198

옮긴이의 말 · 203

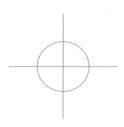

CRISIS ESCAPE
MANAGEMENT
REVOLUTION

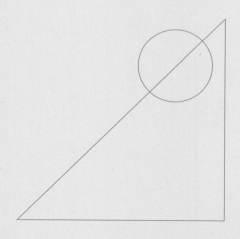

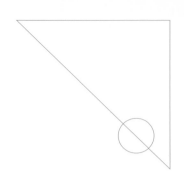

제 1 장.
제로베이스에서 출발하라

Start at zero base

1. 첨단 기술시대의 최선의 선택은 무엇인가? · 16

2. 기업의 목표는 오직 하나이다 · 19

3. 손쉽게 돈 버는 법 · 21

4. 비용에 근거한 판단은 자살행위 · 23

5. 비용개선이냐, 품질개선이냐? · 25

6. 비용 때문에 제품을 창고에 쌓아두랴? · 27

7. 비용만 따지는 경영자는 0점 · 29

8. 재고는 현금이 아니다 · 31

9. 재고관리로 돈 버는 방법 · 33

10. 재고는 악(惡)이다 · 35

제로베이스에서 출발하라

1
첨단 기술시대의 최선의 선택은 무엇인가?

지난 40여 년간 많은 새롭고 강력한 기술들이 가능한 해결책으로 등장했다. 그 결과 두세 글자의 약자로 정의될 수 있는 새로운 용어사전이 개발되었다. 우리는 통계적 공정제어(GT ; Group Technology), 미래 공장(FOF ; Factories of the Future) 등을 실행하도록 요구받고 있다. 서구 경영자들은 이 잡다한 해결책들 속에서 매우 근본적인 문제를 풀어야 할 도전에 직면해 있다.[1]

각각의 기술을 이해하는 것만도 시간이 많이 걸리는 작업이다. 어떤 것이 최고인가를 결정하는 것은 가공할 만한 일이다. 더구나 그것들을 같이 묶는 것은 우리의 능

---

[1]   이건 서구뿐만이 아니고 우리나라에도 닥친 문제들이다. 국내 출판계도 종이책과 전자북 사이에서 방향을 잡지 못하고 갈팡질팡하고 있다.—국내 편집자 주

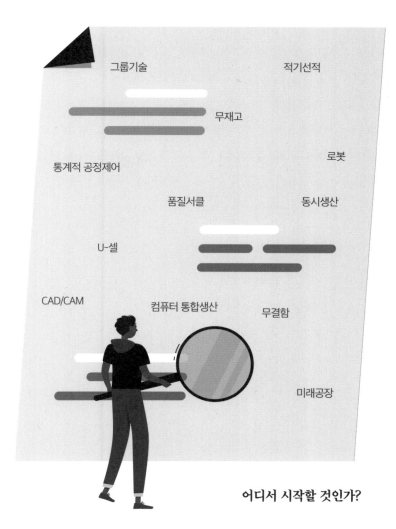

그룹기술

적기선적

무재고

통계적 공정제어

로봇

품질서클

동시생산

U-셀

CAD/CAM

컴퓨터 통합생산

무결함

미래공장

어디서 시작할 것인가?

력 밖인 것 같다. 모든 것을 모든 곳에서 시도해 볼 만한 시간, 자원 또는 자금도 없다. 때문에 우리가 할 수 있는 방법으로 다시 경주에 뛰어들 수 있다는 확신을 가져야 한다. 더 이상 실수할 여지도 없고 값비싼 모험을 할 시간도 없다.

무엇이 가장 먼저 취할 중요한 조치이고, 어떤 기술이 가장 큰 수익을 가져와 나머지 것들을 실행할 수 있는 시간과 돈을 벌게 해 줄 것인가? 아마 경주의 목표를 재검토하는 것에서 시작해야 할 것이다. 생산조직의 기본 목적과 본질을 이해함으로써 우리는 경쟁력 경주에 참여하고 이길 수 있는 길을 발견할 수 있을 것이다.

2
기업의 목표는 오직 하나이다

 목표는 하나 : 돈을 버는 것

더 나은 고객 서비스?

더 큰 시장점유율?

비용을 낮추는 것?

고품질?

살아 남는 것?

돈을 버는 것

과연 우리는 사업에서 무엇을 이루려 하는가? 투자가들과 종업원들이 순전히 고객을 위한다는 생각에서 더 나은 서비스를 제공하려고 돈과 노력을 쏟았을까? 아니면 큰 시장점유율을 갖고 있다고 위세를 부리기 위해서인가? 경쟁자들보다 낮은 비용을 쓰고 있다고 자랑하기 위해서인가? 투자가들과 종업원들의 목표가 최고 품질의 제품을 생산한다는 자부심을 즐기는 것이었을까? 과연 그들이 돈과 노력을 투자해 회사를 만든 것이 단지 살아남기 위해서인가?

그렇지 않다고 생각한다. 이 모든 것들이 회사의 목표를 위한 유용한 수단이지만 그 자체가 목표는 아니다. 우리는 생산회사의 목표는 하나이고 오직 그 하나여야 한다고 생각한다—현재뿐 아니라 미래에도 돈을 버는 것, 이것이 바로 경주에서 이기는 것을 뜻하는 바다. 그런데 "돈을 버는 것"은 정말로 무엇일까?

3
손쉽게 돈 버는 법

누구나 돈을 버는 데 대한 기본적인 평가 방법들을 알고 있다. 회사는 절대적 평가 방법인 순이익을 내야 한다. 하지만 이것만으로 충분한가? 만약 한 회사가 1천만 달러를 벌었다면 좋은 것인가 나쁜 것인가? 그들이 2천만 달러를 투자해서 1천만 달러를 벌었다면 꽤 좋은 성적일 것이다. 하지만 투자액이 2억 달러였다면 형편없는 수익이다. 따라서 사업에 투자한 돈에 비해 얼마나 벌었는가를 보여줄 수 있는 투자 수익률 같은 추가적 평가 방법이 필요하다. 이 두 가지로 충분할 것 같지만 많은 회사가 파산의 위협에 긴장해 있고, 이 때문에 현금유통 같은 생존 평가 방법이 있다. 현금유통은 자동제어식 평가 방법이다. 현금이 충분할 때는 별로 중요하지 않지만, 충분한 현금이 없을 때에는 이보다 더 중요한 것이 없다.

이 세 가지 기본적인 평가 방법이 회사가 돈을 벌고 있는지를 결정하는 데 충분한 것 같지만, 어떤 특정한 행위가 목표에 끼치는 영향을 판단하는 데는 지극히 부적합하다. 예를 들면 공장에서는 얼마만 한 크기의 일괄 작업량을 처리해야 하는가? 5? 50? 아니면 500? 어떻게 이런 일괄 작업량이 전체 회사의 기본 평가 방법에 영향을 주는가? 새 기계를 들여야 할까? 새 로봇을 사야 할까? 확실히 그러면 더 효율적일 것이다. 하지만 너무 비싸지 않은가? 그 돈이 우리의 재정적 기준에 미치는 영향은 적당한가? 아니면 부담인가? 또 판매가가 우리의 기준 가격보다 훨씬 낮은데도 주문을 받아들여야 하는가? 확실히 우리가 내리는 구체적인 운영상의 결정과 회사 전체의 기본적인 평가 방법 사이에 어떤 유형의 연결고리가 필요하다.

오늘날 우리의 연결고리는 비용 개념에 바탕을 두고 있다. 우리는 비용 판단에 기초해서 많은 절차와 시스템을 개발해 왔다. 우리는 경제적 주문량이라는 기술을 이용해 일괄 작업량을 결정한다. 우리는 투자 대상을 결정할 때, 비용절감을 염두에 두고 투자 기회를 분석한다. 또 시장에서 어떤 제품을 홍보하고 어떤 제품을 단종할 것인가를 결정하기 위해 제품 비용과 마진을 계산한다.

하지만 과연 이 비용 개념이 우리를 올바른 방향으로 데려다 주고 있는 것일까?[2]

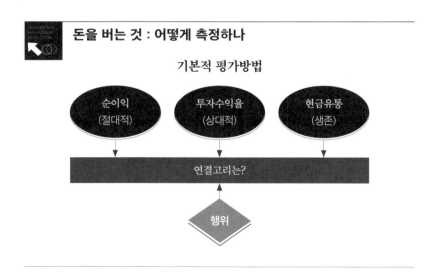

돈을 버는 것 : 어떻게 측정하나

기본적 평가방법

순이익 (절대적)　　투자수익율 (상대적)　　현금유통 (생존)

연결고리는?

행위

2　　최근 수년 사이에 대한민국에서 일어난 부동산 광풍은 이러한 수익 결정을 하는 데 과연 제조업과 도소매업에 투자해야 할 것인가를 우려스럽게 하고 있다.—국내 편집자 주

4
비용에 근거한 판단은 자살행위

경영자들은 비용 절차가 잘 규정되어 있는데도 흔히 계산 결과를 자신의 경험과 직감 때문에 뒤집곤 한다. 경제적 주문량은 종종 무시된다. 계산으로 나온 주문량인 46.5를 이용하는 대신 50을 선택하고, 다시 공장에서 일괄 작업량을 나누거나 겹칠 때 이 결정을 바꾸곤 한다. 또한 다른 투자의 투자 회수기간(3년 이내)보다 훨씬 더 많은 7~8년의 기간이 걸리는 미래 공장에 대단위 투자가 진행되고 있기도 하다. 우리는 미래 공장이 우리가 계산한 비용과 무관하게 전략적으로 중요하다고 믿고 있다. 이처럼 기업들은 비용계산을 무시한 허용할 수 없는 투자를 하고 있는 것이다.

현재 우리는 어떤 행동을 취할 것인가를 결정하는 데 비용과 직감, 이 두 가지를 다 이용하고 있다. 우리가 비용에 근거한 건의안들을 그렇게 자주 뒤집는다는 사실만으로도 비용 절차가 적합하지 않다는 사실을 알 수 있다. 직감이 자주 비용에 기초한 건의를 보완해 주지만, 불행히도 직감은 좋은 의사전달의 기초가 될 수 없다. 과거에도 비용과 직감의 조합만으로는 충분하지 않았지만, 이 새로운 경쟁력 경주에서는 완전히 시대착오적인 것으로 되어 버렸다. 다음의 두 예가 그것을 보여줄 것이다. 결과는 파산으로 갈 수도 있다.

비용 연결고리 1

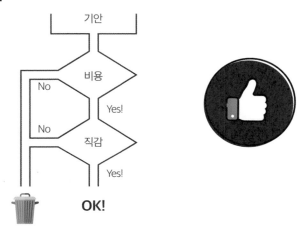

OK!

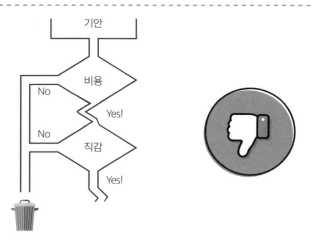

비용계산과 직감을 믿는 것은 자살행위다.

5
비용개선이냐, 품질개선이냐?

경쟁력 강화 경주는 품질 개선을 위해 불량품을 줄일 것을 강요하고 있다. 한 회사가 불량품을 1% 줄일 때마다 노동과 재료를 1년에 1만 달러씩 절약한다고 가정해보자. 만약 불량률이 5%이고 회사가 불량률을 약 2%로 줄임으로써 품질 수준을 두 배 향상시킬 수 있다면 1년에 3만 달러가 절약될 것이다. 이때 필요한 장비, 도구 또는 교육에 투자한 액수가 2만 달러라고 하자. 그러면 이 투자에 대한 회수 기간이 1년 이내이기 때문에 비용 판단은 그것을 승인할 것이다.

"무결함"을 향한 경주에서 품질 향상을 위한 지속적 노력에 이 비용 개념이 어떤 영향을 끼치는지 알아보자. 또다시 불량률을 2%에서 1%로 줄임으로써 품질을 두 배 향상시킨다면 단지 1만 달러를 절약할 수 있을 뿐이다. 이때 요구되는 투자액은 보나마나 2만 달러보다 많을 것이다. 왜냐하면 첫 번째에는 한두 개의 주요 문제를 해결해야 했던 데 반해, 이번 조치에는 많은 조그만 문제들을 풀기 위한 몇 가지 투자가 포함될 것이기 때문이다. 어쨌든 그 투자액이 아직도 2만 달러라고 치자. 이번에는 투자액을 건지는 데 2년이 요구되기 때문에 결정이 덜 분명해진다.

불량품을 1%에서 0.5%로 줄임으로써 세 번째로 품질을 두 배 향상시켜 얻는 절약은 겨우 5,000달러가 될 것이다. 말할 나위 없이 투자는 2만 달러보다 훨씬 크겠지만 일단 이 액수를 그대로 사용하자. 이번에는 비용 판단이 확실히 그것을 승인하지 않을 것이다. 4년 만에야 투자액을 건질 수 있기 때문이다.

이렇게 비용 개념이 1% 수준에서 벌써 우리의 발목을 잡는다면 어떻게 100만분의 1의 품질 수준에 도달하기를 바랄 수 있겠는가? 우리는 불량품이 나오면 단지 그것을 생산하는 데 드는 재료와 노동만 허비하는 것이 아니라 시장까지 잃게 된다는 것을 알고 있다. 점점 더 치열해지는 경쟁 세계에서 우리는 "품질 No.1"을 선언할 수밖에 없는데, 이것은 품질 향상을 포함한 모든 투자가 허락되어야 함을 의미한다. 우리는 완전히 판단의 척도를 잃어버린 것이다. 이 분야에서의 연결고리는 더 이상 존재하지 않는다.

 비용 연결고리 2

	A	B	C
불량품 감소	5% → 2%	2% → 1%	1% → 0.5%
연간 비용절감액	3만 달러	1만 달러	2천 달러
필요한 투자액	2만 달러	2만 달러	2만 달러
비용 판단	승인	중립	불가

비용 개념이 '무결함'을 향한 품질개선을 가로 막는다.

6
비용 때문에 제품을 창고에 쌓아두랴?

한 회사의 재고가 1,500만 달러이고 그것의 관리 비용이 재고 가치의 25% 정도라고 가정하자. 만약 그 회사가 현재 재고를 1년에 3번 회전시키고 있고 그것을 6번으로 만들 능력이 있다면, 비용은 1년에 200만 달러 정도 절감될 것이다(25%×1,500만/2). 그러한 재고 감축은 노력과 투자 없이는 이루어지지 않는다. 만약 필요한 투자액이 약 200만 달러라면 1년 안에 투자액을 건질 수 있으므로 비용 판단은 그것을 승인할 것이다.

회사가 재고 회전율을 다시 6에서 12로 두 배 늘리고자 할 때 상황은 바뀐다. 이제 비용 절감은 100만 달러뿐이지만(25%×1,500만/4) 필요한 투자액은 더 많아질 것이다. 우리가 똑같이 200만 달러를 투자한다 해도 이번의 결정은 투자 회수가 2년에 걸쳐 이루어지기 때문에 불확실해진다. 비용 판단은 중립이 되는 것이다. 만약 투자해야 할 어떤 좋은 비(非)금전적 이유가 있다면 실행하라는 결정을 내릴 것이다. 그렇지 않다면 결정은 하지 말라일 것이다. 회사가 이 새로운 경쟁력 강화 경주에서 살아남기 위해 재고 회전을 12에서 24로 두 배 늘리려 한다면 벽에 부딪치고 말 것이다. 이제 비용 절감은 겨우 50만 달러이고(25%×1,500만/8) 투자 회수 기간은 4년이나 된다. 따라서 비용 판단은 명확해진다.

이제 경주에 참여하려는 우리의 노력에 유익한 좀 더 나은 연결고리를 찾아야 한다는 것이 매우 명확해졌다. 다행히도 기본적인 평가 방법이나 비용 평가 방법 이외에 널리 쓰이고 있는 방법이 있다. 총판매, 총재고, 총영업비용이 그것이다. 우리는 이미 이들이 실속 있는 연결고리라는 점을 직감하고 있다. 때문에 그 방법들이 널리 이용되고 있다. 하지만 이 생산율-재고-영업비용(T-I-OE ; Throughput-Inventory-Operation Expense) 고리를 기초로 우리의 행위를 결정하려면 적절한 절차를 개발할 필요가 있다. 이를 위한 첫 단계로 우리는 T-I-OE가 무엇을 의미하는지 정확히 정의해야 한다.

비용 연결고리 3

	A	B	C
재고회전 증가율*	3 → 6	6 → 12	12 → 24
연간 비용절감액	2백만 달러	1백만 달러	50만 달러
필요한 투자액	2백만 달러	2백만 달러	2백만 달러
비용 판단	승인	중립	불가

* 처음 재고 가치가 1,500만 달러이고 그중 25%가 관리비라고 가정할 때

비용 개념이 재고 회전을 높이는 것을 가로막는다.

7
비용만 따지는 경영자는 0점

이제 우리는 이 세 가지 측정 방법을 다음 방식으로 정의하기로 했다.

생산율 : 조직이 판매를 통해 돈을 벌어들이는 비율. 여기서 주의할 점은 생산이 아니라 판매를 통해서라는 점이다. 만약 무언가를 생산했지만 팔지 못했다면 그것은 생산율이 아니다.

재고 : 판매를 위해 구입한 것들에 투자한 돈. 이 정의가 종전의 것과 다른 점은 노동과 간접비 등의 부가 비용을 제외했다는 점이다. 우리가 이런 정의를 내린 이유는 회계상 발생한 재고 이익과 재고 손실로 인한 왜곡과 반(反)생산적 결정을 제거하기 위해서이다.

영업비용 : 재고를 생산율로 바꾸기 위해 쓰는 모든 비용. 이 정의는 직접 노무비만이 아니라 경영진, 컴퓨터, 심지어는 비서까지도 포함한다. 만약 비서의 일이 재고를 생산율로 바꾸는 데 도움이 되지 않는다면 그의 봉급은 실제 영업비용이 아니라 낭비일 따름이다.

이 측정 방법들의 의미에 대한 좀 더 포괄적인 설명은 『JIT를 잡아라』(새길, 1993)에 나와 있다. 우리는 이것을 총체적 조작적 평가 방법이라고 부른다. 이것을 연결고리로 이용하려면 무엇보다 먼저 이 조작적 평가 방법과 기본적인 재정 평가 방법 사이의 연결을 분명히 해야 한다.

더 나은 연결고리 1

경영혁신을 위한 총체적 조작적 평가방법

생산율
판매를 통해 돈을 벌어들이는 비율

재고
판매를 위해 구입한 것들에 투자한 돈

영업비용
재고를 생산율로 바꾸기 위해 쓴 모든 비용

8
재고는 현금이 아니다

우리의 목표가 돈을 버는 것이고, 그것을 향한 진전을 측정하는 데 세 가지의 기본적 재정 평가 방법을 이용한다는 것을 우리는 이미 알고 있다. 만약 우리가 이 세 평가 방법을 동시에 증대시키는 행위를 취하고 있다면 확실히 바른 방향으로 움직이고 있는 것이다.

더 나은 연결고리 2

직접적 영향

기본적 평가방법과 T-I-OE

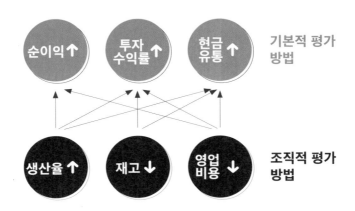

재고를 줄이면 투자수익률과 현금유통이 증대된다.

T-I-OE와 기본적 평가 방법 사이에 직감적으로 느낄 수 있는 연결은 우리의 새로운 정의로 더 명확해졌다. 이제 재고와 영업비용에 부정적 영향을 주지 않으면서 생산율이 증가한다면 순이익, 투자 수익률, 그리고 현금유통이 동시에 증가함을 알 수 있다. 생산율이나 재고에 부정적 영향 없이 영업비용이 줄 때도 똑같은 결과를 얻을 수 있다.

그런데 재고 감축의 영향을 분석하면 그 결과가 같지 않다. 재고를 줄이는 것은 투자 수익률과 현금유통을 직접적으로 증대시키지만 순이익에는 아무런 직접적 영향도 미치지 않는다. 그렇다면 재고는 생산율이나 영업비용만큼 중요하지 않다는 말인가? 우리가 지금까지 바로 이렇게 생각해 왔던 것이다.

그것은 또한 역사적으로 대부분의 경영자들이 T-I-OE를 보아 온 관점이다. 실판매(생산율)와 총영업비용은 항상 중요하게 여겨지고, 재고는 자주 뒷전에 밀려났다. 하지만 좀 더 잘 들여다보면 재고가 순이익에도 영향을 줄 뿐 아니라 다른 두 개의 기본 평가 방법에도 추가적인 영향을 미치고 있음을 알 수 있다. 이때 그 영향들은 간접적인 것이다—관리비를 통해서이기 때문에.

9
재고관리로 돈 버는 방법

재고가 세 가지 기본 평가 방법에 미치는 간접적 영향은 재고 관리비를 통해 알아볼 수 있다. 재고를 낮추면 이자, 보관 공간, 불량, 구제품, 재료 취급과 재작업 등의 많은 영업비용을 줄일 수 있다. 최근에는 대부분의 회사가 재고 가치(노동비와 간접비 포함)의 25% 정도를 연간 관리비로 설정하고 있다. 재고를 낮추면 영업비용이 줄기 때문에 세 가지 기본 평가 방법의 수치가 다 올라간다.

더 나은 연결고리 3

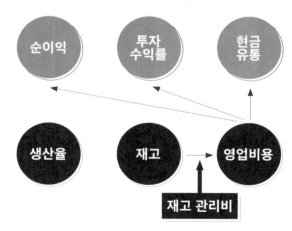

재고는 순이익에 대해 재고관리비를 통한 간접적 영향밖에 미치지 못한다.
-서구의 전통적 시각

따라서 재고 감축이 투자 수익률과 현금유통에는 직·간접의 이중 효과를 미친다는 것을 알 수 있다. 순이익에 대해서는 재고 관리비를 통한 간접적 효과밖에는 없다.[3] 이것이 지금까지 서구 경영진과 재정 시스템이 재고에 대해 일반적으로 생각해 온 것이다. 앞에서 우리는 어떻게 현재의 재정 시스템이 재고를 낮출수록 재고 감축으로 얻는 이익의 중요성이 감소된다고 믿게 만드는지 보았다. 이것은 우리의 경쟁자 일본의 접근 방법과 크게 다르다.

---

3   코로나19 이후에 각 회사들의 창고에는 재고가 쌓여가고 있다. 이러한 문제를 해결하는 방법은 최고 경영자만이 알고 있다.─국내 편집자

10
재고는 악(惡)이다

일본은 재고 감축에 대해 엄청나게 강조하고 있다. 실제 그들은 재고를 극단적으로 "악(惡)"으로 규정한다. 재고가 적은 경우에도 그것을 줄이기 위해 엄청난 노력을 퍼붓는다. 이러한 일본의 접근 방법은 미국 「생산재고관리협회」(APICS : American Production and Inventory Control Society)에 의해 "무재고"라는 이름으로 옹호되고 있다. "무재고"는 재고를 없애기 위한 헌신적인 노력을 보여준다.

우리의 재정 시스템과 일본의 그것 중 어느 것이 옳은가? 다른 사람들처럼 우리도 일본이 옳다고 믿는다. 우리는 우리의 재고가 재정 시스템에서 간과하고 있는 두 번째의 간접적 영향을 가지고 있다고 믿는다.

재고를 어떻게 볼 것인가?

서구의 전통적 시각

재고를 줄일수록 재고 감축에서 얻는 이득이 줄어든다.

일본의 접근법

재고는 '악'이다. 재고가 적은 경우에도 그것을 줄이기 위해 더욱 힘쓰라.

미 APICS

'무재고' 일본의 접근법을 배우자

서구 산업계에서도 재고 감축에서 오는 "비금전적" 이득에 대한 인식이 점차 확산되고 있다. 광적인 경주에서 그것은 다른 무엇보다도 더 중요한 이득이다. 재고가 우리의 시장 경쟁력에 중요한 영향을 미친다는 인식이 커지고 있다. 이 영향을 분명히 하기 위해서는 시장 경쟁력을 이루는 요소들을 살펴보아야 한다.

CRISIS ESCAPE
MANAGEMENT
REVOLUTION

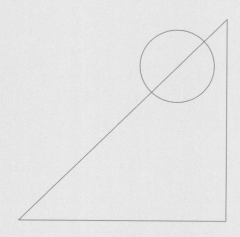

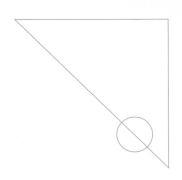

제 2 장.
시계 제로-무한경쟁시대

11. 벼랑 끝에 선 미국기업 ·40

12. 선진 기업의 목표는 100만분의 1 ·43

13. 1초를 다투는 신제품 개발경쟁 ·45

14. 100% 완전 자동화 기업들 ·47

15. 자재관리에서 기선을 제압해라 ·49

16. 재고회전은 환상이 아니다 ·51

17. 영원한 강자는 없다 ·53

제 2 장.
시계 제로-무한경쟁시대

11
벼랑 끝에 선 미국기업

18세기 후반 영국에서 시작된 산업혁명은 유럽 전역과 미국으로 퍼졌다. 그 이래 서구 국가들은 거의 모든 생산 분야에서 주도적 위치를 지켜 왔다. 특히 이들 산업에서 미국이 강세를 보임에 따라 전 세계가 미국의 생활수준을 부러워했다.

하지만 지난 20여 년 동안 극적인 변화가 일어났다. 1975년 미국이 철강, 유기공업, 섬유업 같은 중공업 분야에서 주도적 위치를 잃었다는 것이 확실해졌다. 동양권의 추격 때문에 세계 시장 점유율이 떨어지고 공장들은 문을 닫았다. 미국은 이러한 사태가 경쟁국들의 저임금과 최신 장비 때문이라고 생각했다.

5년 후 일본과 다른 극동 국가에서 홍수처럼 밀려온 스테레오, TV, 전자레인지 등으로 전기 · 가전제품에서의 독점도 사라졌다. 이번엔 미국이나 서방은 그들의 덤핑과 서방 기술의 모방을 탓했다.

1985년경 생산 기술의 자랑이었던 자동차 산업이 확실히 마비 상태에 빠지자 그제야 우리는 문제가 정말로 심각함을 깨닫기 시작했다. 그 문제의 원인들을 추가로 발견해 가면서, 우리의 경쟁력에 대한 우려가 널리 퍼지기 시작했다.

미국은 첨단기술과 신상품 개발에서만은 안전하다고 생각했다. 하지만 이제는 이 분야조차 안심할 수 없다는 것을 안다. 1990년에 미국은 정보 시대의 심장인 마이크로칩 생산에서 주도권을 상실했다. 다음 차례는 항공 분야가 될 것이라는 조짐이

미국은 왜 경주에서 뒤처지고 있는가?

미국은 많은 산업분야에서 주도적 위치를 잃어가고 있다.

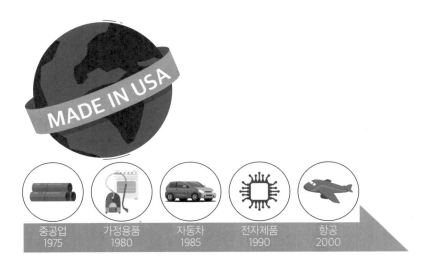

이미 나타났다. 2000년 이후에는 국방성의 따뜻한 안전담요로도 이 산업을 보호하기 어려웠다.

이처럼 미국은 중공업에서부터 첨단기술에 걸쳐 그 주도권의 전례 없는 변화를 목격해 왔다. 미국이 누려온 경제적 풍요와 생활수준의 크나큰 변화를 느끼기 시작했다. 지금껏 미국이 해온 대로 사소한 원인이나 변명 따위로는 이 급격한 변화를 설명할 수 없음을 깨달아야 할 때다. 원인은 생산의 모든 측면에서 전개되는 사상유례없는 경주에 있다. 이 경쟁력 강화를 위한 가속화된 경주를 이해하기 위해 몇 가지를 살펴보도록 하자.

12
선진 기업의 목표는 100만분의 1

품질은 이 경주가 시장에 미치는 영향을 이해하는 데 가장 좋은 측면일 것이다. 1970년 이전까지 미국은 품질을 측정하는 데 산출이라는 단어를 사용했다. 그때 당시에는 공장에 들어간 재료에서 좋은 부품들이 얼마나 많이 나오는가에 집중했다. 이 용어는 아마 부품의 10% 이상 결함이 있을 것임을 뜻한다. 이제 미국은 이 산출이라는 용어를 초기 손실이 예상되는 새로운 공정과 제품의 착수를 가리킬 때만 쓰고 있다.

70년대에 미국의 용어는 변했다. 초점이 좋은 부품에서 결함 부품으로 옮겨지고 불량품이라는 단어가 채택됐다. 그간의 개량 등으로 불량률은 10% 이하로 떨어졌다. 1990년에 들어서야 미국은 이런 개량된 품질 수준조차 불충분함을 깨달았다. 경쟁국들이 품질이 월등한 제품으로 미국 시장을 잠식하기 시작한 것이다. 일본의 미국 자동차 산업 침투가 그 전형적 보기다. 초기에 소비자들은 낮은 비용의 경제적 자동차라는 약속에 이끌렸다. 하지만 그들이 일본 차들의 품질과 견고함에 익숙해지면서 시장에 새로운 기준이 생겨났다. 미국 자동차 회사들은 열등한 품질 때문에 시장을 잃게 되자, 품질을 개량하지 않고서는 그 분야에 남아 있을 수 없음을 깨달았다. "품질 No. 1", "품질 제일" 같은 슬로건들이 나타나 불량품을 1% 이하로 줄이려는 노력을 부각시켰다.

이제 미국의 용어는 시장이 요구하는 더욱더 높은 수준의 품질을 반영하기 위해 다시 한 번 바뀌었다. 바로 "무결함"(ZD : Zero Defect)이라는 단어를 사용하기 시작한 것이다. 일본이 도입한 새로운 측정 방법을 보면 그 말이 뜻하는 바를 알 수 있다—
100만분의 1의 결함. 100만분의 1은 미국의 품질 목표가 과거 30년 동안 그 크기
에서 4차수나 증대했음을 의미한다. 더 나은 품질을 위한 경주가 엄청나게 가속화
된 것이다. 하지만 품질이 이 경주의 유일한 측면은 아니다.

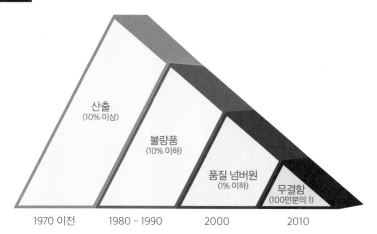

경주 1 : 품질

산출
(10% 이상)

불량품
(10% 이하)

품질 넘버원
(1% 이하)

무결함
(100만분의 1)

1970 이전   1980 - 1990   2000   2010

13
1초를 다투는 신제품 개발경쟁

소비자들은 고품질을 요구할 뿐 아니라 새로운 제품들을 탐욕스럽게 소비하고 있다. 1970년 이전에는 10년여마다 약간씩 변하는 제품을 사는 데 익숙했다. 70년대로 접어들면서 새로운 제품들이 점점 더 빠른 속도로 시장에 나오고 받아들여졌다.

시계나 계산기같이 이전에는 정체되어 있던 제품들에 전자기술이 도입되면서 우리는 눈이 빙빙 돌 정도의 변화 속도를 경험할 수 있었다. 좋은 시계가 평생을 가고 다음 세대에까지 물려주던 시대는 지나고 뭐든지 소비해 버리는 세상이 왔다. 이제 우리는 모든 개량된 기술과 새로운 패션을 갖춘 새 시계를 구입한다. 계산기는 제한된 능력을 가진 커다란 전기 기계에서 초기 컴퓨터와 맞먹는 전자 불가사의로 바뀌었다. 이제 계산기는 사무실만이 아니라 누구나 들고 다니는 지갑, 책가방에서도 찾아볼 수 있다. 엔지니어의 계산자는 박물관에나 진열되게 되었다.

제품 라이프 사이클의 축소는 소비품에만 국한된 것이 아니다. 모든 산업 조직이 영향을 받았다. 2×4(가장 널리 쓰이는 건축 자재인 각목) 같은 유서 깊은 제품마저 많은 건물에서 함석 구조물들에게 자리를 내주었다. 우리의 전통적인 설계 방법으로는 새로운 제품에 대한 압력을 수용할 수 없었다. 새 제품에 대한 끊임없이 증가하는 압력을 이겨내기 위해 CAD/CAE 시스템을 개발해야만 했다. 1980년대까지는 시장 수요와 우리의 설계 능력 향상이 라이프 사이클을 겨우 몇 년으로 단축시켰다.

오늘날에는 만약 어떤 회사가 시장에 6개월이나 9개월 늦게 신제품을 소개하면 전체 시장을 잃을 위험에 처하게 된다. 확실히 대다수 제품의 라이프 사이클이 다시 줄어든 것이다. 현재 우리는 제품 라이프 사이클을 그저 추측해 볼 수 있을 뿐이다. 내일이 와봐야 알 수 있으니까.[4]

경주 2 : 제품 라이프 사이클

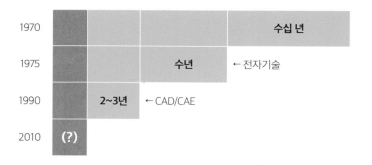

1970			**수십 년**
1975		**수년**	← 전자기술
1990	**2~3년**	← CAD/CAE	
2010	**(?)**		

---

4 대한민국의 전자제품 발전 속도나 신제품 개발속도를 보면 가히 놀라운 일이라 하지 않을 수 없다.
　—국내 편집자

14
100% 완전 자동화 기업들

경쟁력 경주의 어떤 측면은 일반 소비자들에겐 덜 분명한 형태로 나타난다. 이를테면 기계 기술은 폭발적인 속도로 변하고 있다. 70년대 이전까지는 그전의 40년 혹은 50여 년간 거의 변하지 않던 재래의 전기기계식 장비를 이용했다. 1980년경에 수치제어(NC) 장비 형태로 컴퓨터 기술이 생산에 도입됐다.

그 당시 우리가 논리적으로 추산하기로 그 새로운 기술을 도입하는 데에는 족히 수십 년은 걸려야 했다. 왜냐하면 그것은 막대한 투자와 대대적인 인력 재교육을 포함하는 것이었기 때문이다. 그 시기는 우리가 공장에 컴퓨터와 프로그램을 처음 도입한 때였던 것이다. 그런데 이제 이 기술은 어디서나 흔히 볼 수 있다.

1980~90년에는 NC 기술이 널리 퍼지기도 전에 다음 세대의 기술이 소개되었다―CNC(Computer Numerically Controlled ; 컴퓨터 수치제어)와 DNC(Direct Numerically Controlled ; 직접 수치제어) 장비다. 개별적인 NC 기계들 대신 이제 우리는 하나의 컴퓨터로 통제되고 서로 연결되는 일련의 기계들을 볼 수 있다. 그런데도 미국은 1985년~1990까지 유연생산체계(FMS ; Flexible Manufacturing Systems)의 도입에서 일본을 따라가느라 추가로 많은 투자를 해야만 했다. 시장과 경영 개념이 변하면서 소량 생산과 제품 설계의 급격한 변화에 대응할 수 있는 유연한 컴퓨터 제어 기계가 필요해졌다.

아직 FMS에 투자하는 중인데도 다음 세대의 기술이 벌써 저만치 와 있다. 그 설계나 이용 면에서 아직은 확실하지 않지만 많은 주요 생산업체가 완전 자동화된 공장을 만들기 위해 수천만 달러를 투자하고 있다.

모두가 이 경주에 뛰어들어 뒤로 처지지 않으려고 엄청난 위험을 감수하고 있다. 기계 기술을 통해 경쟁력을 얻으려는 압박감은 대단하다. 하지만 그것도 공장 운영에서 좀 더 나은 논리적 시스템을 찾기 위한 광적인 몸부림만큼 거세지는 않다.

경주 3 : 공장 자동화

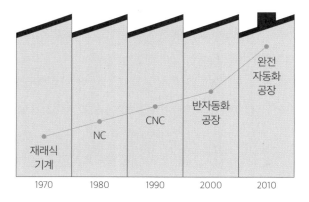

완전
자동화
공장

반자동화
공장

CNC

NC

재래식
기계

1970   1980   1990   2000   2010

15

자재관리에서 기선을 제압해라

40년대, 50년대, 그리고 60년대까지는 공장과 창고의 재료 흐름과 주문을 통제하는 데 수동식의 "주문 시점" 기술이 사용되었다. 1965~70년경에 재료청구계획(MRP ; Materials Requirements Planning)이라는 기술을 통해 처음으로 컴퓨터의 힘을 이 작업에 이용하려고 시도했다. 100억 달러가량을 투자했지만 결과는 만족스럽지 못했다. 1975년에 우리는 이것을 밀폐된 MRP라고 불렀는데, 더 빠른 재료 흐름의 열쇠는 공장 주문 상태와 구입 주문에 대한 피드백이라고 믿었기 때문이다. 1980~90년에는 전체 생산조직—마케팅, 엔지니어링, 생산과 재정—이 같은 악보를 보고 노래할 수 있도록 하기 위해 MRP II 를 개발했다.

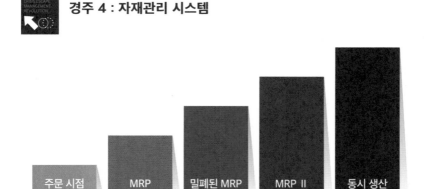

경주 4 : 자재관리 시스템

주문 시점 1950 · MRP 1970 · 밀폐된 MRP 1975 · MRP II 1980-1990 · 동시 생산 2000

MRP 개발의 각 단계마다 컴퓨터, 소프트웨어, 그리고 그것의 운영에 대한 교육 등에 많은 투자를 해야 했다. 300억 달러 이상이 투자된 것으로 평가되었지만 이 정도로도 충분하지 않았다. MRP는 우리가 이 경쟁력을 위한 경주에서 주도권을 유지하도록 해주지 못했던 것이다. 공장의 재료 흐름에 대한 일본의 접근법인 적기선적(Just-in-Time/간반)이 우리의 노력보다 더 뛰어난 것으로 증명됐고, 오늘날 몇몇 서구 기업들은 그것을 모방하려 하고 있다. 일본과 다른 이들은 그보다 더 나은 시스템을 광적으로 찾고 있는데, 동시 생산이라 불리는 이 시스템에 대해 우리는 아직까지 정확한 정의도 못 내리고 있는 실정이다.

16

재고회전은 환상이 아니다

재고 회전만큼 경주가 잘 드러나고 있는 곳은 없을 것이다. 재고 회전이나 재고 이용은 생산 공장들의 성적과 변화율을 측정하는 데 더할 나위 없이 좋은 평가 방법이다. 70년대에는 적정선의 재고 회전 기준이 일 년에 2~5회였다. 부즈(Booz)나 알렌과 해밀턴(Allen&Hamilton) 같은 국제 컨설팅 회사의 조사에 따르면 미국 회사들은 70년대에 평균 3.7회의 회전율을 나타냈다. 이보다 더 높긴 했지만 일본의 평균도 아직 5.5회 수준에 머물렀다. 이것들이 표준이었다. 두 자리 수의 회전율이 가능하다고 용기 있게 제안하고 예견한 자들은 몽상가라고 불렀다.

오늘날에 와서는 2~5회의 재고 회전이 전적으로 부적절하게 여겨진다. 겨우 몇 년 사이에 만족스러운 표준 수치가 5~20회로 극적으로 변한 것이다. 몇 년 전만 해도 불가능해 보였던 두 자릿수의 재고 회전이 이제는 필수가 되었다. 상당수의 서구 회사들이 이미 30~80회의 재고 회전을 달성했다. 몇몇 일본 회사들은(고맙게도 몇몇 이다.) 세 자릿수의 재고 회전이 가능하다는 것을 보여준다. 모든 곳에서 전에 가능하다고 생각했던 것보다 훨씬 더 많이, 훨씬 더 잘하려는 경주가 벌어지고 있다.[5]

이렇게 새롭고 대부분은 아직 이루지도 못한 목표가 있는데도 다른 새로운 목표가

---

5   계절적으로 판매에 변동이 있을 때에는 그 시기에 대비하여 빨리 구입하는 예가 있기 때문에 일률적으로는 말할 수 없지만 일반적으로 이 일수가 짧을수록 좋다.—국내 편집자

떠오르고 있다―마이너스 재고 회전. 재고 회전이 너무 빨라 원료에 대한 대금을 지급하기도 전에 이미 완제품 값을 수령하는 것이 가능하다는 것이다. 이를테면 사람들은 패스트푸드 가게에서 주인이 고깃값을 지불하기도 전에 먼저 햄버거 값을 내고 있을 것이다. 그것이 생산조직에서도 가능할지 모른다. 재고가 돈을 잡아먹는 게 아니라 돈을 벌게 해 주는 것으로 보인다는 것은 대단한 변화이다.

경주 5 : 재고 회전

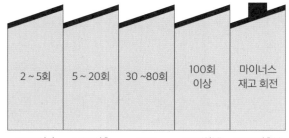

2 ~ 5회	5 ~ 20회	30 ~ 80회	100회 이상	마이너스 재고 회전
1980 이전	1980 이후	1985	1985(일본)	2000이후(?)

17
영원한 강자는 없다

이상의 몇 가지 예는 경쟁력 강화를 위한 경주가 확실히 이전보다 치열해지고 있음을 보여준다. 서구 경영자들이 처한 도전은 이제 얼마나 빨리 더욱더 경쟁력을 갖게 되는가이다. 우리는 18세기 산업혁명 이래 한 번도 경험해 보지 못한 시기에 들어와 있다. 수십 년 전 영국에서 처음 산업회사들이 출현했던 것처럼 이 경주가 공장, 국가, 그리고 우리의 생활수준에 대해 함축하고 있는 바는 하나하나 다 근본적인 것이다.

더 이상 불경기와 호경기의 사이클 문제가 아니다. 더 이상 이것이 또 하나의 그저 지나가는 태풍인 양 문을 걸어 잠그고 살아남기를 바랄 수는 없다. 더 이상 불경기 때 비용을 절감하거나 사람을 해고시키는 구식 방법을 쓸 수도 없다. 좋을 때나 나쁠 때나 끊임없이 개혁할 수 있는 방법을 찾아야만 한다. 경쟁력 강화의 경주에 남아 있을 수 있는 길을 선택해야만 한다. 불경기를 넘기기 위해 감축을 택한 회사는 그저 사라져 버릴 것이다. 살아남은 회사들은 바로 이 더 치열해지는 경쟁력 강화의 경주에 참여하는 길을 찾는 회사들일 것이다.

문제의 심각성은 우리가 뒤처져 있다는 사실을 받아들이고, 시간이 조금밖에 남지 않았음을 깨달을 때야 비로소 드러날 것이다. 우리가 가진 자원, 특히 경영진은 지극히 제한되어 있고 위험한 시도를 할 만큼 충분한 자금도 없다. 이제 정확한 결정을 내리거나 아니면 결과에 순응하고 살아갈 준비를 해야 할 때다.

무한경쟁시대

경주의
치열함

1970 1980 1990 2000

다음 상황에서 어떻게 하면
더 경쟁력을 높일 수 있을까?

- 제한된 시간
- 제한된 자원
- 제한된 재원

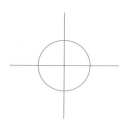

CRISIS ESCAPE
MANAGEMENT
REVOLUTION

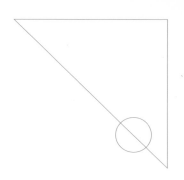

제 3 장.
선진기업의 신화적 품질혁명
Quality Revolution

18. 21세기 경제의 6가지 경쟁력 · 58

19. 재고가 당신의 발목을 잡는다 · 61

20. 재고 감축이 경쟁력을 약속한다 · 63

21. 데밍 박사에게 배우다 · 65

22. 최고의 품질 비법은 '재고기피증' · 68

23. 기능 개량의 지름길 · 70

24. 신제품 출시에서 앞서가자 · 72

제 3 장.
선진기업의 신화적 품질혁명

18
21세기 경제의 6가지 경쟁력

우리는 더 나은 제품, 낮은 가격, 빠른 대응력 등을 통해 경쟁력을 얻을 수 있다. 공교롭게도 이 세 가지 모두는 두 개의 분명한 요소로 나누어질 수 있다. 경쟁력은 최상의 품질이나 뛰어난 기능을 가진 제품을 통해 얻을 수 있다. 예를 들면 두 회사가 시장에 같은 제품을 같은 가격에 내놓았는데 한 회사 제품의 품질이 훨씬 나았다고 가정해 보자. 두말할 것 없이 최상의 제품을 생산하는 회사가 결국엔 시장을 석권할 것이다. 우리가 이미 잘 알고 있는 놀라운 예가 있다―일본의 자동차. 일본은 더 많은 기능이나 빠른 배달이 아닌 최상의 품질로 서구 시장을 파고들었다. 반면 우리는 더 나은 기능으로 경쟁력을 얻을 수 있었다. 만약 두 회사가 가격과 품질이 같은 제품을 시장에 내놓는다면, 틀림없이 더 다양한 기능을 가진 제품을 선보인 회사가 시장을 장악할 것이다.

가격에 대해서도 같은 논리가 통한다. 더 높은 마진율(낮은 비용)을 가진 회사가 가격을 책정하는 데 더 유연하게 대처할 것이고, 시장을 석권할 수 있다. 한편 단위당 투자액이 낮은 데서 얻는 막대한 이득을 무시해서는 안 된다. 이 경쟁력 요소는 손익분기점을 낮춤으로써 회사의 경쟁력 면에서 크나큰 유연성을 줄 수 있다.

대응력도 두 가지로 이루어져 있다. 첫 번째 부분은 더 나은 납기일 준수 능력에서 비롯되는 경쟁력 강화다. 우리는 일정량의 제품을 언제까지 배달하기로 약속한다. 그 약속을 얼마나 잘 지키고 있는가? 만약 우리가 80% 정도인 데 반해 경쟁자는 꾸준히 90% 정도의 납기일 준수 능력을 보여준다면, 그가 결국 우리의 고객을 빼앗아갈 것이다. 우리가 90% 정도 제때 배달하더라도 경쟁자가 95%를 보이면 역시 그가 이길 것이다. 고객들은 계속해서 기대수준을 높이고 늘 최고의 수행능력을 가진 자를 표준으로 삼기 때문에 이 경주는 끝없이 계속된다.

더 짧은 리드타임은 납기일 준수능력과는 다르다. 이 대응력의 두 번째 요소는 우리가 경쟁자보다 더 빨리 배달할 수 있도록 해 준다. 모든 세일즈맨은 고객에게 빠른 배달을 약속하는 게 얼마나 중요한 이점이 되는지 잘 알고 있다.

이 여섯 개의 요소는 현재뿐 아니라 미래에도 경쟁력 이슈가 될 것이다. 오늘날 경주는 어느 하나가 아니라 여섯 개 모두에 걸쳐 진행된다. 우연히도 우리의 재정 시스템에서는 그 대부분을 "비금전적" 요소로 간주하고 있다. 아마도 그것들은 우리의 미래 생산율로 여겨져야 할 것이다. 간단한 예를 통해 재고가 우리의 미래 생산율과 6개의 경쟁력 요소에 미치는 진짜 영향을 알아보자.

6개의 경쟁력 요소

재고 감축이 경쟁력에 미치는 영향

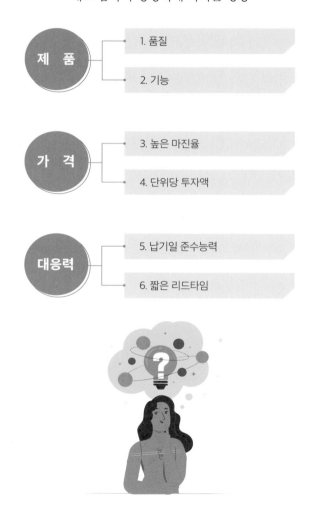

제 품
1. 품질
2. 기능

가 격
3. 높은 마진율
4. 단위당 투자액

대응력
5. 납기일 준수능력
6. 짧은 리드타임

19
재고가 당신의 발목을 잡는다

재고가 많은 생산환경

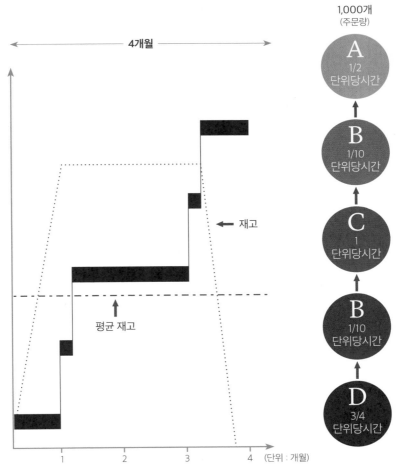

재고가 많은 생산 환경과 적은 생산 환경을 비교해 봄으로써 재고가 6개의 경쟁력 요소에 미치는 영향을 분석할 수 있다. 한 회사가 1,000개의 제품을 주문받았는데 생산이 5개 공정을 거쳐 진행된다고 가정해 보자. 재고가 많은 생산에서는 재료들이 1,000개씩 일괄 처리되고 공장 안에서 옮겨질 것이다. 각각의 공정은 모든 작업을 끝내고 나서야 재료들을 다음 공정으로 보낼 것이다. 재료가 공장으로 들어오면서 재공품의 재고 수준은 올라갈 것이고 제품이 마지막 공정에서 완성되고 선적될 때까지 줄어들지 않을 것이다.

이처럼 많은 재고 상황에서는 공장을 24시간씩 7일 내내 가동한다 해도 주문을 완수하는 데 넉 달가량이 걸릴 것이다. 이것은 재고가 적은 생산 환경과는 크게 비교가 된다.

20
재고 감축이 경쟁력을 약속한다

재고가 적은 생산환경

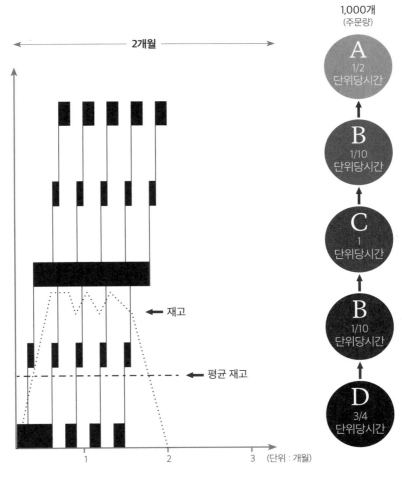

재고가 적은 생산 환경에서는 두 가지가 다르다. 먼저 일괄 작업량을 나누고 겹치기도 한다. 더 이상 각 공정이 전체 주문량을 끝마치고 다음 공정으로 부품을 옮길 때까지 기다리지 않는다. 재료들이 1,000개보다 작은 크기의 작업량으로 공정 사이를 흐르고, 몇 개의 공정이 동시에 같은 주문 작업에 들어갈 수 있다. 덧붙여 우리는 어떤 작업에서도 제한 공정이 있음을 인식해야 한다. 이때에는 작업량이 많거나 다른 작업보다 시간이 더 걸린다. 다음 보기에서는 C공정이 그것이다. C가 제한공정이라는 것을 알았으므로, 처음 공정이 바쁘도록 재료를 푸는 것이 아니라 C공정만 바쁘게 할 정도로 풀어야 한다.

이 두 가지의 변화로 재공품 재고는 많이 줄어들고 주문을 이전보다 절반 정도의 시간에 완료하게 된다. 이것도 매력적인 이점이지만 우리의 진짜 사명은 어떻게 많고 적은 재고 공정이 6개의 경쟁력 요소에 영향을 주는지를 탐구하는 것이다. 여기서 우리는 절대적 환경이 아니라 상대적 환경을 비교하는 것임을 주의해야 한다. 즉 문제는 한 회사가 경쟁사에 비해 가지고 있는 재고량이다. 먼저 살펴볼 경쟁력 요소는 품질이다.

21
데밍 박사에게 배우다

일본은 제품의 질 면에서 역사적인 전환을 이루어냈다. 2차 대전 직후 우리는 일본 제품을 일반적으로 모조품이나 품질이 조잡한 것으로 보았다. 단 몇 십 년 사이에 그들은 이런 이미지를 완전히 바꾸어 놓았다. 오늘날 일본은 많은 산업 분야에서 품질의 표준을 세워 놓고 있다.[6]

어떻게 그처럼 짧은 시간에 그런 놀라운 변화를 이룰 수 있었을까? 일본 사람들에게 물어보면 그들은 거의 모두 미국의 통계학자 W. 에드워드 데밍(W. Edward Deming) 박사에게 그 공을 돌리고 있다. 그의 엄청난 공헌을 몇 가지 단어로 요약하는 것이 죄송스럽기는 하지만, 그의 접근 방법은 "품질 검사는 제품이 아니라 공정을 검사하는 데 이용되어야만 한다"라는 말로 집약된다.

데밍 박사의 가르침에 담긴 비밀은 그가 일본인에게 가르쳐준 기술에 있는 것이 아니라 그가 어떻게 품질에 대한 관점과 자세를 바꾸었는가에 있다. 그런 변화의 예는 불량 부품이 발견되었을 때 볼 수 있다. 경영진은 두 가지를 선택할 수 있다. 대체 부품을 독촉해서 만들거나 문제의 원인을 찾을 시간을 갖는 것이다. 제한된 경영자원을 가지고 두 가지 일을 다 하기란 어렵다. 일본인은 데밍 박사의 이론을 받아들여 문제의 원인을 찾는 데 집중해서 그것을 영원히 제거할 수 있는 길을 찾

---

6   일본의 방법을 한국이 모방했고, 한국의 방법을 중국과 베트남이 모방하고 있다.—국내 편집자

았다. 반면 우리는 계속해서 서두르기만 해 왔다.

데밍 박사의 접근법은 또한 불량품과 재작업에 대한 자세의 완전한 전환을 요구한다. 서구 경영자들은 흔히 책임을 평가하기 위해 애써 왔다(이것을 책임감이라 부른다). 누가 부주의한 일꾼이었는가, 왜 반장이 더 많은 관심을 쏟지 않았는가, 누가 잘못된 과정을 설계한 엔지니어인가? 이런 자세를 그대로 고수하는 한 원인을 찾아내기란 지극히 어려울 것이다. 사람들은 원인을 들춰내기보다는 은폐하려 할 것이다.

경쟁력 요소 1 : 품질

품질검사는 제품이 아니라
공정을 검사하는 데 이용되어야 한다.

데밍 박사의 접근법은 불량품을 누군가 떠맡아야 할 문제로 다루지 않는다. 데밍 박사는 불량품이 공정의 문제점들을 찾도록 도와줄 수 있기 때문에 소중한 보석처럼 여겨져야 한다고 믿고 있다. 문제점을 찾아낸다면 그것을 영원히 고칠 수 있는, 즉 영원히 그 공정을 개량할 수 있는 기회를 갖게 되는 셈이다.

22
최고의 품질 비법은 '재고기피증'

1,000개짜리 주문을 생산하는 데 첫 번째 공정에서 결함이 생겼다고 가정해 보자. 결국에 가서는 결함이 발견되겠지만 어디서 발견되겠는가? 일반적으로 우리가 제품을 검사하는 곳은 어디인가? 불행히도 주로 마지막 공정이 끝난 뒤다. 재고가 많은 상황에서는 결함이 2개월 전에 생겼기 때문에 그 원인을 규명하기가 무척 힘들다. 2개월 전에 어떤 공정상의 문제가 있었는지 누가 기억해 낼 수 있겠는가? 더욱이 주문이 매우 늦어질 것이기 때문에 추가 부품을 서둘러 만들어야 하는 큰 부담을 안게 된다. 우리의 경영진이 서두르는 것과 문제를 찾고 해결하는 것 중 어디에 노력을 기울일 것이라 생각하는가?

재고가 적은 상황에서는 결함이 마지막 공정에서 발견되었을지라도 아직 첫 공정에 제품이 있는 상태이다. 따라서 문제의 원인을 훨씬 더 쉽게 규명할 수 있다. 이제 많은 시간을 들여 서둘러야 하는 압박감이 거의 없어진다. 전체 주문량이 잘못 생산되기 전에 문제를 발견하게 된다. 따라서 필요한 대체 부품도 적을 것이고 서두르지 않고도 재고가 많은 상황보다 훨씬 더 빨리 그것들을 생산해 낼 수 있다.

이제 경영진은 문제의 원인을 찾고—바라건대 영원히—제거할 시간과 능력을 갖게 된다. 재고가 많다면 아주 좋은 품질을 갖기란 거의 불가능하다. 최고 품질을 가진 사람—일본—과 재고가 가장 적은 사람—역시 일본—사이에는 확실히 명확한 상관관계가 있다. 단지 우연이라고 생각하는가?

재고가 많은 시스템 VS 재고가 적은 시스템1

품질 관리

많은 재고   결함이 발생함   적은 재고

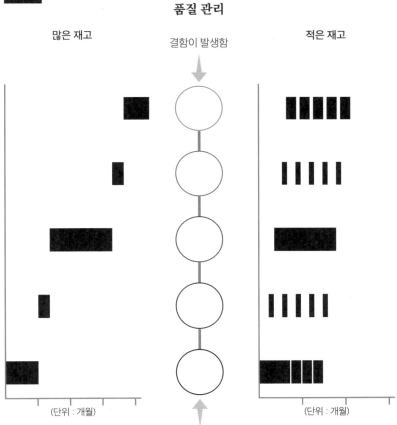

(단위 : 개월)   결함이 발생함   (단위 : 개월)

결함이 두 달 뒤에야 발견된다. 따라서 원인을 규명하기 어렵다.

결함이 발생한 공정이 진행 중일 때, 결함이 발견된다.

23
기능 개량의 지름길

기능 변화의 목적은 제품을 개량하고 경쟁사들보다 우수하게 만드는 것이다. 시장에서 원하는 특성과 최신의 기능을 가진 제품을 내놓을 수 있다면 경쟁력을 강화할 수 있다. 새롭고 더 나은 기능의 제품을 선보이는 것이 지닌 힘은 첨단기술 회사들에 쏠린 월가의 지대한 관심에서도 나타난다. 투자가들을 끄는 것은 갖가지 기술이 아니라 새롭거나 개량된 제품을 맨 처음 시장에 내놓을 수 있는 회사의 잠재력이다. 만약 더 빠르고 값싼 PC나 새로운 생물제품을 가장 먼저 시장에 내놓을 수 있다면 세상은 우리 것이 되는 것이다.

거의 모든 생산 분야가 여기서 벗어날 수 없다. 한때는 영구적이었던 TV, 시계, 그리고 많은 산업 제품에 최근 무슨 일이 일어났는지를 봐라. 시장에 개량된 제품을 맨 처음 소개하는 것은 확실한 경쟁상의 이점이다. 왜 분명한 사실을 쓸데없이 강조하는가? 불행히도 많은 생산업자들이 기능 변화가 자신들을 더 어렵게 만들 뿐이라고 느끼고 있기 때문이다.

기능 개량이 시장에 미치는 영향은 시장 수요를 알아내는 시장조사와 필요한 제품을 개발하는 엔지니어링 부서의 능력에만 의존하는 것 같다. 과연 재고는 어떠한 영향을 미칠 수 있을까?

경쟁력 요소 2 : 기능

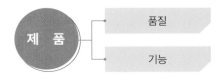

새롭고 더 나은 기능을 가진 제품을 선보인다면
세상은 우리 것이다.

24
신제품 출시에서 앞서가자

첫 번째 공정에 영향을 미치는 기능 변화가 주문에 대한 생산에 착수한 지 한 달 뒤에 소개되었다고 가정하자. 재고가 많은 생산에서는 첫 번째 공정이 이미 끝나버린 상태다. 따라서 공장 경영자는 이미 공정이 끝난 재료를 버리거나 재작업하든지, 아니면 다음에 같은 제품에 대한 주문이 있을 때까지 그 기능 변화를 제품에 반영하는 것을 늦추는 것 중 하나를 선택해야 한다. 만약 후자를 선택했다면 3개월 뒤에나 개량된 제품을 시장에 내놓을 수 있을 것이다. 이미 작업에 들어간 것을 버릴 용기를 가진 경영자가 몇이나 될까? 또 얼마나 많은 경영자가 다음 주문 때에나 그 기능 변화를 도입하기로 결정할 것인가? 대답 못 할 사람은 아무도 없다.

적은 재고 상황에서는 주문의 일부분이 아직 처음 공정에서 처리되지 않았고, 따라서 그 기능 변화를 실행한다 해도 버리거나 재작업에 들어가지 않아도 된다. 뛰어난 품질의 제품을 2주 안에 시장에 선보일 수 있는 것이다. 적은 재고 환경의 회사는 꽤 오랫동안 경쟁 없이 뛰어난 제품을 시장에 내놓을 수 있고, 이에 따라 추가적인 판매와 시장점유율을 얻을 수 있다. 제품의 라이프 사이클이 계속 줄어들기 때문에 이러한 효과들이 더욱더 중요해진다.

이제 재고가 제품의 경쟁력에 영향을 미친다는 것이 다소 분명해졌다. 하지만 어떻게 재고가 관리비를 통해 드러난 것보다 더 중요한 방식으로 가격에 영향을 미칠까?

재고가 많은 시스템 VS 재고가 적은 시스템 2

기능 변화

많은 재고   적은 재고

(단위 : 개월)   (단위 : 개월)

개량된 제품을 몇 달 뒤에야 내   제품 주문을   개량된 제품을 2주 안에 내놓을
놓을 수 있다.   시작한지 한달 뒤에   수 있다.
                                       새 기능이 소개됨

CRISIS ESCAPE
MANAGEMENT
REVOLUTION

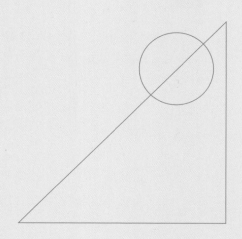

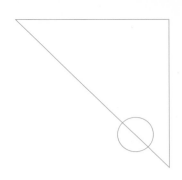

제 4 장 .
재고를 보고 기업의 장래를 읽는다

25. 악몽 같은 월말 피할 수 있다 · 76

26. 오버타임의 진짜 원인 · 78

27. 월말 증후군 퇴치법 · 80

28. 초과 장비구입의 주범 · 82

29. 무능한 경영자가 고객을 탓한다 · 84

30. 수요예측은 믿을 만한가 · 86

31. 짧은 리드타임은 생존의 열쇠 · 89

32. 재고 수준이 리드타임을 결정한다 · 91

33. 경쟁력으로 통하는 길 · 94

34. 재고는 영원한 2류 시민인가? · 96

제 4 장.
재고를 보고 기업의 장래를 읽는다

25
악몽 같은 월말 피할 수 있다

가격은 경쟁적 이점으로 잘 이해되고 추구되어 왔다. 높은 마진을 가진 회사는 선택적으로 가격을 낮출 수 있는 유연성을 갖는다. 또 판매팀을 늘리거나, 선전 또는 기능 향상 등의 다른 방법으로 경쟁력을 얻는 데에도 높은 마진을 이용할 수 있다. 만약 낮은 비용의 생산자가 될 수 있다면 확실한 이점을 가질 수 있을 것이다. 그러나 불행히도 계획된 마진과 실제 마진 사이에는 큰 차이가 있다.

머피의 법칙(설상가상으로 어려울 때일수록 일은 더 안 풀린다.)은 공장에 잘 알려져 있다. 계획을 얼마나 잘 세웠는가에 관계없이, 또 많은 안전장치를 만들어 놓았을 때조차 여전히 우리는 계속해서 주문을 제 시간에 실어내기 위해 재촉해대고 많은 양의 오버타임을 시킨다. 이 문제는 흔히 월말 증후군이라 부를 만큼 널리 퍼져 있다. 각별한 노력으로 우리는 한 달치 생산량의 반 이상을 월말의 며칠 사이에 실어낸다.

언제나 주문을 제 시간에 실어 나르는 데 문제가 생기면 그것이 월말이건 중요한 주문이건 간에 어쩔 수 없이 오버타임 또는 특수 배달, 그리고 예정에 없던 다른 값비싼 행동을 취한다. 결과적으로 제 시간에 맞추든지 못추든지 하겠지만, 어쨌든 추가 영업비용이 생기고 마진이 줄 것은 확실하다. 이런 지체와 거기에 따른 영업비용 증가의 원인이 과연 머피인가 아니면 우리가 안고 있는 많은 재고 상황인가?

경쟁력 요소 3 : 높은 마진율

아무리 계획을 잘 세우고
많은 안전장치를 만들어 놓아도
주문을 제 시간에 끝내려면
오버타임이 필요하다.

26
오버타임의 진짜 원인

재고가 많고 적음을 재는 절대적 척도는 없다. 이것은 상대적인 말이다. 우리의 재고가 많은가 적은가는 경쟁사들과 비교해 판단할 수 있다. 만약 경쟁사에 비해 재고가 많다면 우리는 긴 생산 리드타임을 가질 것이다. 왜냐하면 재공품 재고와 제품 리드타임은 본질적으로 같은 것이기 때문이다. 만약 우리의 경쟁사가 더 적은 재고를 가지고 있다면 우리 마케팅 부서 사람들도 정상 리드타임보다 더 짧은 시간 안에 배달할 것을 약속할 수밖에 없을 것이다. 만약 마케팅 부서에서 재고가 많은 회사의 생산 리드타임(4개월)보다 3개월 안에 주문의 배달을 약속했다고 가정해 보자. 배달 날짜를 맞추느라 적잖은 오버타임과 다른 추가 비용을 써야만 할 것이다.

재고가 적은 환경에서는 생산 리드타임이 시장에서 요구되는 3개월보다 굉장히 짧아 작업에 차질이 생긴다 해도 오버타임이 필요하지 않을 것이다. 일반적으로 재고를 오버타임의 원인이라고 생각하지 않지만 실은 주요 원인일 것이다. 방위산업에서는 정부의 선불 때문에 재고의 중요성이 일반적으로 평가절하되어 왔다. 그 결과 생산품 재고가 매우 많고 생산 리드타임이 굉장히 길어진 것이다. 그런데도 오버타임은 대부분의 다른 산업보다도 훨씬 높다.

재고와 경쟁력 요소 사이의 연관은 우리가 처음 생각한 것보다 더 밀접해 보인다. 단위당 투자액에도 재고가 영향을 미친다는 것이 확실한데, 과연 어느 정도일까?

재고가 많은 시스템 VS 재고가 적은 시스템 3

높은 마진율

많은 재고

적은 재고

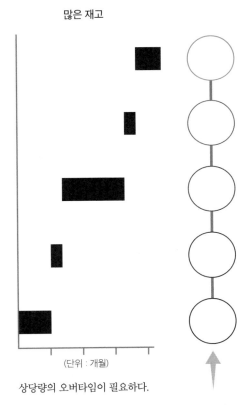

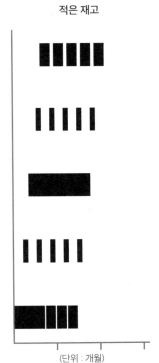

(단위 : 개월)

(단위 : 개월)

상당량의 오버타임이 필요하다.

생산 리드타임이 마케팅 부에서 약속한 것보다 짧기 때문에 오버타임이 필요 없다.

27
월말 증후군 퇴치법

월말 증후군을 극복하는 것은 대부분의 회사에서 중요하고도 지속적인 문제다. 매달 첫 공정에 홍수처럼 밀려드는 제품들을 마지막 주에 처리해야만 그 달의 목표를 달성할 수 있다. 처음에는 오버타임으로 해결하려 하지만, 처리 물량이 최고일 때는 그것만으로도 부족하다. 하는 수 없이 이 마지막 공정을 위해 추가 장비를 요청하게 된다. 마치 마지막 공정에는 필요한 만큼 충분한 기계 용량이 결코 없는 것처럼 보인다.

경쟁력 요소 4 : 단위당 투자액

마지막 공정에 과부하가 걸려
월 목표량을 끝낼 수 없다!
추가 장비를 사야만 한다!

이 같은 추가 용량에 대한 일반적인 필요에도 불구하고 십여 군데의 공장에서 행해진 연구 결과는 대부분의 경우 마지막 공정의 현재 기계 용량이 평균 부하보다 서너 배나 더 크다는 사실을 보여주고 있다. 사실 대개는 5년 계획의 마지막 연도에서의 아주 희망적인 예상량까지도 처리할 만큼 충분한 용량이 있는 것이다.

무엇 때문에 이런 명백한 모순이 생기는가? 마지막 공정에 이미 존재하는 상당량의 초과 용량과 그것을 더 늘리려는 계속되는 압력이 재고 때문에 생겼다는 것이 가능할까?

28
초과 장비구입의 주범

재고가 많은 상황에서는 마지막 공정이 오랫동안 과부하 상태에 있고, 그 과부하가 최악의 시간에 일어난다. 재료가 마침내 마지막 공정에 다다랐을 때, 우리는 커다란 과부하를 떠안게 된다. 그럼에도 우리는 월말 증후군 때문에 재료가 이 공정을 통과하도록 빨리 독촉할 수밖에 없다. 오버타임이 도와주기는 하나 늘 불충분하다. 흔히 가용 시간 안에 과부하를 처리할 기계가 충분하지 않음을 발견하게 된다. 그 기계들이 자주 그냥 놀고 있는데도 우리는 월 선적 목표를 달성하기 위해 더 많은 기계에 투자할 수밖에 없는 것이다.

반면 재고가 적은 상황에서는 마지막 공정의 작업량이 더 균등하게 분포되어 있고 놀고 있는 시간도 더 균등하게 퍼져 있다. 월말에도 마찬가지다. 결과적으로 이 경우에는 만약 독촉이 생기더라도 추가 장비를 사지 않고 더 잘 처리할 수 있다. 재고가 많은 상황에서 요구되는 초과 용량은 원래 많은 재고와 합쳐져 제품의 단위당 투자를 크게 증대시킨다. 사실 재고와 생산시설에 대한 투자는 일반적으로 생산조직의 총 투자의 2/3 이상을 차지하고 있다. 적은 재고 상황에서는 장비, 시설, 그리고 재고에 대한 투자가 훨씬 적고 결과적으로 투자 수익률은 훨씬 높다. 더 중요한 것은 손익분기점이 낮아지고 제품의 가격을 책정하는 데 훨씬 더 융통성을 갖게 된다는 것이다.

이러한 재고의 비금전적 영향이 대응력이라는 경쟁력 요소에까지 미치고 있는가? 일반적으로는 대응력을 높이려면 재고를 줄일 게 아니라 늘려야만 할 것 같은데.

재고가 많은 시스템 VS 재고가 적은 시스템 4

단위당 투자액

많은 재고

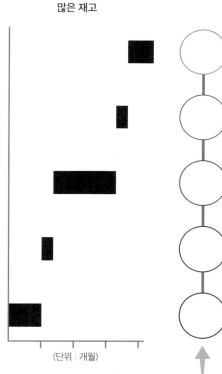

(단위 : 개월)

적은 재고

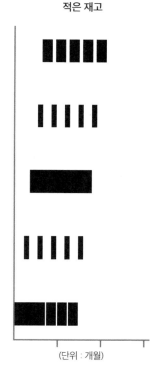

(단위 : 개월)

마지막 공정이 오랜 시간 동안 최고 부하를 처리해야 한다. 주문을 제 시간에 끝내기 위해 추가로 기계를 사게 되지만 그것들은 거의 사용되지 않을 것이다.

작업부단이 마지막 공정에 균등하게 퍼져 있어 추가 투자가 필요 없다.

29
무능한 경영자가 고객을 탓한다

납기일 준수 능력을 개선할 필요성을 느끼지 않는 공장은 거의 없다. 또한 공장 경영자들은 납기일 준수를 방해하는 요인들을 통제할 수 없기 때문에 자주 무기력감에 빠진다. 마치 그 원인이 공장 밖에 있는 것처럼 보인다. 벤더들이 미덥지 않거나 고객들이 주문을 추가하거나 취소하고 납기일을 바꾸는 등 끊임없이 변덕을 부린다든가 하는 것들이 그것이다. "믿을 만한 예측을 주기만 하면 제때에 실어낼 것이다"라는 게 공장 경영자들의 가장 공통된 불평 중의 하나다.

경쟁력 요소 5 : 납기일 준수 능력

믿을 수 없는 벤더들 때문에
납기일을 지킬 수 없다!
고객들의 변덕 때문에
납기일을 지킬 수 없다.

대체로 어디에나 이런 상황이 있고 공장의 적기 배달 능력에 큰 영향을 미침은 사실이다. 하지만 과연 이 문제의 해결책이 공장의 범위 밖에 있음을 뜻하는가? 진짜 해결책은 전적으로 공장의 통제 아래 있는 어떤 것일지도 모른다──공장의 재공품(在工品, work in process ; 제조하는 과정에 있는 물품.) 재고 수준.

30
수요예측은 믿을 만한가

재공품 재고가 납기일에 미치는 영향을 이해하기 위해서는 언뜻 보기엔 전혀 무관해 보이는 것을 살펴보아야 한다—생산 예측의 타당성. 대부분의 공장들이 미래의 어느 기간 동안은 꽤 믿을 만한 수요예측을 하고 있다. 하지만 그 예측의 타당성은 짧은 기간에 급격히 떨어지고 만다. 무엇이 이 보편적 현상을 낳는가?

만약 한 산업의 모든 회사들이 두 달 안에 제품을 배달하고 있다면 고객들은 1년 전에 주문하거나 납기일을 특별히 지정하지는 않을 것이다. 아마도 그들은 그 제품을 사용하기 2개월 반쯤 전에 주문할 것이다. 또 1년 치를 주문할 때라도 2개월 전까지는 자유롭게 수량이나 배달 날짜를 바꿀 것이고, 그 때문에 배달이 어려워지거나 벤더(vendor, 공급자)가 곤경에 빠지지는 않을 것이다. 따라서 이 제품에 대한 공장의 예측은 처음 두 달 동안은 매우 믿을 만하지만 석 달 뒤에는 거의 믿을 수 없는 것이다. 만약 우리가 경쟁자보다 많은 재고를 가지고 있다면 그것은 우리 생산 리드타임[7](lead time)이 산업계의 타당한 예측 범위보다 더 긴 것을 뜻한다. 타당한 예측 범위의 길이는 적은 재고를 가진 경쟁사에 의해 정해진다. 결과적으로 재고가 많은 회사의 생산계획은 순전히 추측에 의한 것이지, 믿을 만한 예측에 바탕을 둔 것은 아니게 된다.

---

7   물품의 발주로부터 그 물품이 납입되어 사용할 수 있을 때까지의 기간.—국내 편집자

재고가 많은 시스템 VS 재고가 적은 시스템 5

납기일 준수능력

많은 재고

적은 재고

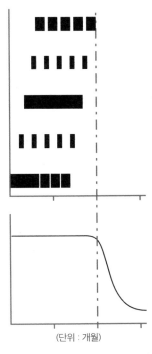

(단위 : 개월)

(단위 : 개월)

추측에 의존해 생산을 시작한다. 따라서 완제품량이 초과하거나 납기일을 못 지키는 경우가 계속 생긴다.

충분한 정보에 근거해 생산을 시작한다. 따라서 납기일 준수율이 90%를 웃돈다.

재고가 많은 경우에 납기일 준수 능력이 문제가 된다는 것은 이상할 것이 없다. 우리가 경쟁사보다 적은 재고 환경에 있다면 더욱 정확한 예측을 할 수 있는 부러운 위치에 있게 된다. 이제 우리는 생산을 시작할 때 확실한 주문이나 거의 바뀌지 않을 타당한 예측을 하고 있을 것이다. 납기일 준수 능력은 확실히 크게 향상될 것이다. 더욱 믿을 수 있는 정보에 기초해 생산계획을 세우고 벤더에게 확실하게 요구할 수 있는 훨씬 더 나은 위치에 서게 되는 것이다. 벤더가 제대로 배달을 못 해 주는 주요 이유가 우리의 요구사항이 계속 바뀌기 때문임을 명심해야 한다. 이는 마치 우리의 고객이 요구사항을 바꾸는 것과 같은 이치이다.

31
짧은 리드타임은 생존의 열쇠

리드타임은 경쟁력 경주에서 점차 중요한 역할을 하기 시작했다. 좋은 예는 자동차 산업에서 부품 공급선을 적기선적(JIT) 공급자로 변경하는 움직임이다. 만약 벤더가 자동차 회사에 적기에 부품을 공급할 수 없다면 얼마 안 가 그는 고객을 잃게 될 것이다. 따라서 그 벤더는 리드타임을 줄일 매우 타당한 이유가 있는 것이다. 다른 산업에서도 역시 짧은 리드타임의 막강한 위력을 볼 수 있다. 회사들이 그들의 경쟁사보다 리드타임을 많이 줄였을 때, 시장점유율이 극적으로 높아졌음을 보여주

경쟁력 요소 6 : 짧은 리드타임

과거에는 고객들이
우리가 제시한 리드타임에 대해
불평하는 일 따윈 결코 없었다.

한 문닫은
공장 경영자

는 사례들이 수없이 많다. 어떤 경우에는 제시한 리드타임이 경쟁사보다 상당히 짧을 때, 높은 가격을 부를 수도 있었다. 이것이 경쟁력 면에서 서구 산업계가 외국 경쟁자에 비해 갖는 커다란 이점인데, 왜냐하면 그들은 바다를 건너 배달하느라 시간을 들일 필요가 없기 때문이다. 이러한 산업계에선 외국 경쟁자들에게 우리 시장을 뺏길 이유가 없어야 할 것이다. 그렇데 더 짧은 리드타임을 제시하려면 더 많은 재고, 특히 재공품과 완제품들이 필요한 것처럼 보인다. 제품을 완성하는 데 남은 공정이 적을수록 우리의 대응력은 더 빨라질 것 같은데, 과연 그럴까?

32
___
재고 수준이 리드타임을 결정한다

생산 리드타임과 재공품 재고는 사실은 같은 것이다. 서로의 투영인 것이다. 재공품 재고가 준다면 그에 비례해서 생산 리드타임도 준다. 잘 인식되지 않고 있는 것은 완제품 재고가 재공품 재고에 비례해야만 한다는 사실이다.

예를 들어 공장에 1주일 치의 재공품 재고가 있다면 평균적으로 리드타임도 1주일이 될 것이다. 이 공장이 즉시 배달을 요구하는 매우 부담되는 시장을 상대하고 있다고 가정해 보자. 공장은 모든 것을 1주일 이내에 공급할 수 있으므로 고객 주문을 맞추기 위해서는 1주에서 1주 반 치 정도의 완제품을 가지고 있어야 한다. 수요의 불확실성 때문에 정상적인 생산 리드타임보다 약간의 추가 물량이 필요한 것이다.

또 한 공장이 3개월 치 재공품을 가지고 있고 같은 시장 조건에서 운영되고 있다면, 그 공장은 거의 5개월 치의 완제품을 지녀야 할 것이다. 일부 회사들은 리드타임을 충분히 감소시킴으로써 저장 생산에서 주문 생산으로 나아갈 수 있음을 보여주었다.

우리는 완제품 재고가 재공품 재고에 비례한다는 것이 아니라 비례해야만 한다는 점을 강조한다. 왜냐하면 재공품의 감축이 자동적으로 완제품의 감소로 이어지지는 않기 때문이다. 경영진이 이러한 이익을 달성하려면 새로운 재공품 재고 수준에 따라 그들의 완제품 수준도 조정해야만 한다. 따라서 시장 수요에 대한 대응력은 재공품 재고에 직접적으로 비례한다.

재고가 많은 시스템 VS 재고가 적은 시스템 6

짧은 리드타임

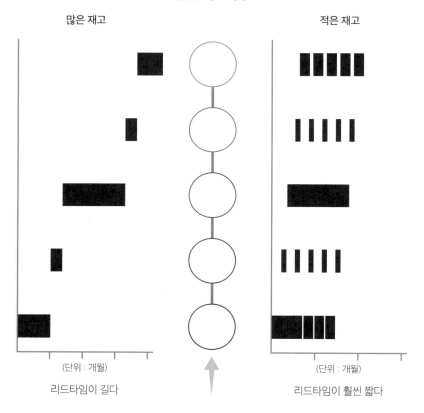

많은 재고

적은 재고

(단위 : 개월)

리드타임이 길다

(단위 : 개월)

리드타임이 훨씬 짧다

생산 리드타임은 재공품량과 비례한다.
완제품 재고는 생산 리드타임과 비례해야만 한다.

이렇게 6개의 경쟁력 강화 요소 모두에 재고가 영향을 끼치기 때문에 재고와 기본적 평가 방법 사이에 재고 관리비라는 간접적 연관만이 있는 것은 아니라고 결론지어야 한다. 우리의 목표와 재고 사이에는 틀림없이 다른 직접적 연결이 있다.

33
경쟁력으로 통하는 길

경쟁력 요소의 분석은 재고가 얼마나 밀접하게 판매(생산율)와 연결되어 있는가를 보여준다. 이제 재고는 미래의 판매, 미래의 시장에서 살아남고 번창할 수 있는 능력과 연계되어야 한다. 재고가 많을수록 미래를 기대하기는 더욱 어렵고, 재고가 적을수록 미래는 더욱 안전할 것이다. 우리는 또한 재고가 영업비용에 생각보다 큰 영향을 미치는 것도 보았다. 이를테면 재고는 오버타임, 품질 비용, 독촉 비용, 그리고 초과 용량의 주요 원인이다.

경쟁력 요소들의 영향

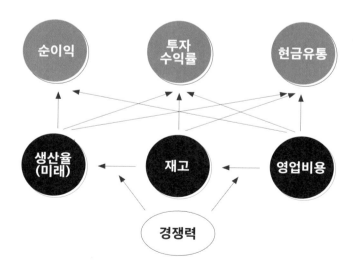

이러한 새로운 간접 연관은 미래의 생산에 주요한 영향을 끼치고 운영비용에도 예상 못한 추가 영향을 끼친다. 우리는 이것을 "경쟁력으로 통하는 길"이라 부를 것이다. 이제 우리는 재고가 순이익에는 이중으로, 투자 수익률과 현금 유통에는 삼중으로 영향을 미치는 상황에 직면했다. 우리 모두는 생산율의 중요성을 알고 있다. 똑같이 영업비용의 중요성도 알고 있다. 이제 최소한 일본이 직접적으로 감지하고 있는 정도까지는 재고의 중요성을 알아야 할 때다.

34
재고는 영원한 2류 시민인가

재고가 우리의 경쟁력에 그렇게도 많은 중요한 영향을 미친다면, 왜 현재 모든 회사들이 적은 재고 상황에서 운영되고 있지 않은가? 그것을 설명해 줄 매우 설득력 있고 강력한 이유가 있어야 한다. 무엇이 그렇게 많은 회사들을 재고 스펙트럼의 반대쪽 끝에 위치하게 만드는가? 해답은 생산율-재고-영업비용의 상대적 중요성에 대한 우리의 단기적 관점과 재료 흐름을 관리하는 유용한 기술에 있다.

모든 공장 경영자들은 생산율과 영업비용의 단기적 중요성에 대해 뼈아프게 인식하고 있다. 그들은 종종 재고를 줄이는 것이 그것들에 부정적 영향을 끼칠까 걱정한다. 경영자가 선적 목표를 두어 달 연속해서 10% 정도 놓친다면 그 공장은 손해를 볼 것이고 그는 큰 곤경에 빠질 것이다. 결과적으로 그는 필요할 때를 대비해 많은 재고를 보관할 것이다. 또 그는 재고가 너무 많이 감소되면 일부 공정에 일거리가 없어지고 영업비용이 올라가지 않을까 우려한다. 우리의 경영 평가 방법이 우리의 관심을 이 단기적 측정에 고정시킴으로써 높은 재고 수준을 유지하고 장기적 중요성을 보지 못하게 만드는 것이다.

재고에 대한 우리의 무관심을 더욱 깊게 하는 것은 생산율을 잃거나 영업비용을 증대시키는 위험 없이 재고를 줄이는 효과적인 논리 시스템이 없었다는 것이다. 결과적으로 공장의 복잡성과 사고, 고객 주문의 변덕으로부터 우리를 보호해줄 안전판으로 전통적으로 재고에 집착해 온 것이다.

경쟁력 강화를 위한 광적인 경주는 모든 것을 바꾸었다. 현재 개량된 논리 시스템을 찾기 위한 탐구가 전 세계적으로 이루어지고 있다. "동시 생산"이라는 새로운 단어가 아직은 정의되지 않았지만 좀 더 나은 재료 흐름 관리 방법을 지칭하기 위해 고안되었다.

재고 감축의 열쇠는?

어떻게 하면 생산율이나 영업비용의
손실 없이 재고를 줄일 수 있을까?

동시 생산

시장 수용에 맞춰 재료를 공장의
각종 자원을 통해 빠르고 부드럽게 이동
시키려는 모든 조직적 방법

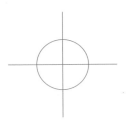

CRISIS ESCAPE
MANAGEMENT
REVOLUTION

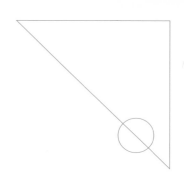

제 5 장 .
첨단시대의 경영-동시생산

Management
in the high-tech era

35. 동시생산이란 무엇인가? · 100

36. 행렬의 늘어남을 막아라 · 102

37. 병사들을 재정렬하라 · 104

38. 좋은 아이디어지만 너무 비싸다 · 106

39. 드러머와 독려상사 · 108

40. 병사들의 귀마개 · 110

41. 노동자를 놀리지 마라 · 112

42. '무조건 많이'는 잘못된 상식 · 114

43. 불협화음을 내는 드라마 · 116

44. 병사들을 로프로 묶자 · 118

45. 버퍼-로프 시스템의 열쇠 · 120

46. 서구식 방법-Just in Case · 122

47. JIT 아니면 JIC-로프 아니면 도끼? · 124

제 5 장.
첨단시대의 경영-동시생산

35
동시생산이란 무엇인가?

동시 생산이란 시장 수요에 맞추어 재료를 공장의 각종 자원을 통해 부드럽게 이동시키려는 모든 조직적 방법이다. 일본은 그들이 이루고자 했던 부드럽고 균등한 흐름을 설명하기 위해 강(江) 시스템을 예로 들었다. 재료는 댐이나 흐름을 방해하는 다른 장애 없이, 실개천이 개천으로 흐르고 개천이 강으로 들어가고 하는 식으로 흘러야만 하는 것이다. 재료의 조달, 생산, 분배 등을 계획하는 다양하고 많은 논리 시스템이 있다. 그렇다면 어떻게 일본의 예가 옳고, 가용(加用)한 방법 중 어떤 것이 최고이며 어떤 점에서 그것이 우수한지 알 수 있는가?

비유를 통해 이 문제에 접근해 보자. 모든 것을 연계시킬 수 있고 생산율과 영업비용에 손상을 입히지 않으면서 재공품 재고를 줄여야 하는 우리의 딜레마를 표현할 수 있어야 한다. 일단 그런 비유를 개발하면 그 리뷰의 틀 안에서 해결책을 찾아봐야 할 것이다. 적당한 해결책이 개발되면 그 해결책을 기업 상황에 옮겨와 생산율과 영업비용의 손실 없이 재공품 재고를 감소시킬 수 있는지를 검토해야 한다. 이런 식으로 더 쉽게 다양한 논리 시스템을 검토하고 비교할 수 있다.

우리가 고른 비유는 행군하는 병사들이다.

해결책 찾기

문제를 쉽게 표현할 수 있는 비유를 만든다

그 비유의 틀 속에서 해결책을 찾는다.

해결책을 공장환경으로 옮겨본다

해결책의 실현가능성을 점검한다

36
행렬의 늘어남을 막아라

언뜻 보기에 이상한 비유 같지만 행군 중인 병사들은 생산 공장과 기막히게 비슷하다. 행렬의 맨 앞줄 병사들이 차례로 걸어가는 모습은 공장 안으로 원료가 들어가는 것과 같다. 그 재료들은 다음 줄의 병사들(생산자원)이 걸어가면서 차례로 처리된다. 마지막 줄은 완제품을 내보내는데(선적), 완제품은 곧 전체 군대가 걸어간 길이다. 여기서 군대는 진짜 공장처럼 생산자원들을 이용해 원료를 받아 처리하고 완제품을 생산한다.

이 비유에서 재공품 재고는 처음 줄의 병사들—원재료를 재공품으로 바꾸는 사람들—과 재공품을 완제품으로 바꾸는 마지막 열 사이의 거리이다. 처음 병사들이 행군을 시작했을 때 병사들은 촘촘히 모여 있다. 하지만 겨우 몇 마일을 못 가 행렬은 눈에 띄게 늘어지고 행군이 계속될수록 점점 더 늘어난다. 이는 장례 행렬이나 생산 공장같이 다양한 행위에서 발견되는 자연적 현상이다. 그 늘어남은 종속 사건들(차례로 처리되어야 할 행위들)과 통계적 변동의 조합에 의해 생기는 것이다. 이런 조건에서 생기는 늘어남(재고 축적)은 수학적으로 증명될 수 있는데, 그것은 기업소설 『JIT를 잡아라』에 잘 묘사되어 있다.

생산율을 떨어뜨리지 않고 재공품을 줄이는 문제는 우리 비유에서는 행렬 전체의 속도를 감소시키지 않고 행렬의 늘어남을 줄이는 것으로 표현할 수 있다. 전체 속도를 줄이지 않으면서 어떻게 늘어남을 막을 수 있을까? 이것이 문제이다.

행군하는 병사들

원료
→

완제품
→

← 재공품 →

행렬이 늘어나는 것은 재고가 많음을 의미하고,
촘촘히 붙은 것은 재고가 적음을 의미한다.
어떻게 하면 행렬의 늘어남을 막을 수 있을까?

37
병사들을 재정렬하라

노련한 지휘관이라면 누구나 알고 있는 아이디어를 빌려 보자. 가장 느린 병사를 앞줄에 세우고 그다음 줄에 약한 병사를 세우고 이런 식으로 해서 가장 힘센 병사를 마지막 줄에 세운다면 대열의 늘어남을 줄일 수 있을 것이다.[8] 간격이 벌어질 때마다 가장 힘센 병사들(생산자원)이 그들의 힘(초과 용량)을 이용해 달려가서 간격을 좁힐 수 있다(재공품을 줄이는 것).

 군대 비유 2

병사들을 재정렬한다

가장 느린 병사를 맨 앞에, 가장 강한 병사를 맨 뒤에 세운다.

---

8   대한민국 남자라면 군대에 다녀왔다. 그리고 군대에서 행군을 할 때 앞에서는 느리게 걸어도 맨 뒤 행렬에 있는 사람들은 뛰어서 달려야 한다.—국내 편집자

생산율—행렬 전체가 움직이는 비율—은 어떠한 경우에도 가장 느린 병사에 의해 정해진다. 그가 행렬의 어느 위치에 있건 마찬가지다. 병사들을 이런 차례로 재정렬하면 속도에 영향을 주지 않고도 늘어남을 줄일 것이다. 군대 지휘관에겐 통하는 이 접근법이 과연 공장 경영자들을 도와줄 수 있을까?

38
좋은 아이디어지만 너무 비싸다

이 해결책을 공장 상황에 적용하자. 공장을 재조직해서 가장 작업량이 많은 자원 (가장 느린 병사), 즉 간신히 작업을 해낼 수 있는 설비로 하여금 처음 공정을 수행하게 만드는 것이다. 뒤따르는 공정들은 다음으로 적은 초과 용량을 가진 것들에 의해 처리된다. 만약 우리의 공장을 이런 식으로 재조직한다면 마지막 공정은 가장 많은 양의 초과 용량을 가지게 될 것이다. 공장 안에 쌓인 어떠한 재고 물결(행렬의 늘어남)도 마지막 공정(간격을 뛰어가서 좁힐 수 있는 가장 강한 병사)의 초과 용량에 의해 흡수될 수 있다.

좋은 아이디어처럼 들리지만 그런 계획을 집행하는 데 드는 비용, 노력, 시간, 그리고 혼란을 먼저 검토해 보자.

결과는 위협적이다. 좀 더 멀리 내다보고 장래에 생산 믹스가 변하면 생산자원의 작업을 바꾸고 공장을 또 한번 재조직해야 한다는 것을 고려한다면, 이것이 가능한 해결책이 아님을 확신할 수 있을 것이다. 우리의 좋은 아이디어는 매우 비싸고 비탄력적인 것으로 드러난 셈이다. 따라서 다시 원래 비유로 돌아가 좀 더 쓸 만한 해결책을 찾아보자. 짚고 넘어갈 것은 이 해결책이 새 공장을 설계할 때는 적절해 보인다는 사실이다. 하지만 이 경우에도 더 나은 해결책들이 있다.

따라서 우리의 문제에 대한 더 나은 해결책을 찾아야 한다.

군대 비유 2-①

공장 설비의 재배치

공장을 다시 만들고 가장 작업 부하가 큰 기계(주요 제한자원)를 처음 공정에,
초과 용량을 많이 가지고있는 기계를 뒤에 놓는다.
하지만 비용이 너무 많이 드는데…… 좀 더 실현 가능한 해결책을 찾아야 한다.

39
드러머(drumer)와 독려상사

행군 지휘관이 행렬의 늘어남을 막는 다른 방법이 있다. 그는 전체 병사의 속도나 보폭을 정하기 위해 맨 앞에 드러머를 세울 수 있다. 또 지휘관은 처진 병사에게 소리쳐 간격을 좁히게 하라고 상사에게 지시할 것이다. 드럼 소리는 상사의 독려와 더불어 병사들이 속도를 맞추도록 도와줌으로써 늘어남을 막는다.

 군대 비유 3

드러머와 독려상사

드러머를 맨 앞에 세워 속도를 정하게 한다.
상사가 뒤에서 계속 병사들을 독려하여 간격을 좁히도록 한다.

행군의 전체 속도는 가장 느린 병사에 의해 정해진다. 만약 그 병사가 드럼 박자에 맞추어 행군할 수 있다면, 전체 속도를 늦추지 않고 행렬의 늘어남(재공품의 축적)을 막을 수 있다. 이때 드럼 소리가 가장 강한 병사가 빨리 행군하는 것(비록 그런 능력을 가지고 있지만)을 막는다는 점을 명심해야 한다. 과연 어떻게 우리의 공장에서 이처럼 드러머와 독려상사를 이용할 수 있겠는가?

40
병사들의 귀마개

공장에서 드러머와 상사를 이용한다니 처음엔 이상해 보이지만 사실 흔히 쓰고 있는 수단이 아닌가? 드러머는 컴퓨터 시스템을 가지고 재료나 생산을 관리하는 경영자이고, 상사는 바로 독촉계원들이다. 드러머는 고객 주문을 맞추기 위해 언제 재료가 조달되고 각 생산자원들이 언제 처리해야 할지를 계획하고 스케줄을 짠다. 드럼 소리는 언제 무슨 재료가 각 생산자원에 의해 처리되기로 되어 있는지를 지시하는 생산 스케줄이다. 주문들이 계속 스케줄보다 늦어지므로[9] 독촉계원이 필요하고 납기일을 맞추도록 재촉해야 한다―간격을 좁히도록. 물론 독촉계원은 그런 직위를 가진 사람들만이 아니라 흔히 경영진의 누구라도 될 수 있다.

이제 우리가 비유에서와 같은 방식으로 그 해결책을 공장에서 이용하고 있는 것처럼 보이는데 정말 그럴까? 병사들이 드럼 소리를 듣지 못하게 귀마개를 씌우고 그들을 최대 속도로 걷게 다그치는 지휘관에 대해서 어떻게 생각하는가? 맨 앞줄의 강한 병사도 최대한 빨리 걷도록 강요당하고 뒤따르는 약한 병사와의 사이에 간격이 벌어진다. 그런 지휘관에 대해 어떻게 생각하는가?

---

9   계획에 없던 재공품-행렬의 늘어남.―저자

미친 것처럼 보이지만 이것이 바로 우리가 공장에서 하고 있는 일이다. 왜 그렇게 모순되는 일을 할까? 그 해답은 우리 문화에 깊이 박혀 있는 자세에 있다. 모든 공장이 모토로 삼고 있는 것이 무엇인가?

군대 비유 3-①

병사들의 귀마개

"일꾼들은 계속 바쁘게 하라"

모든 공장에서 이런 작업윤리가 통용되는 한,
일꾼들은 드럼소리에 보조를 맞출 수 없다.

41
노동자를 놀리지 마라

"일꾼들이 할 일이 없다면 뭔가 할 일을 찾아주자"

우리의 모든 작업윤리는 이 전제 위에 서 있는 것 같다. 공장에서 이 모토는 대개 추가 제품을 생산할 수 있게 일꾼들에게 더 많은 재료를 주라는 것으로 해석된다. 그것이 공정상의 재고를 늘리면서도 산출량을 늘리지 못한다면, 병사들의 귀에 귀

군대 비유 3-②

자재관리 시스템과 독촉계원

흔히 쓰이고 있는 관행

상사는 독촉계원이고 드러머는 컴퓨터를 이용한 자재관리 시스템에 해당한다.
하지만 병사들이 드럼소리에 보조를 맞출 수있을까?

마개를 씌우고 최대한 빨리 걷도록 다그치는 것과 똑같은 일이 아닌가? 우리 공장에서도 효율성, 성과급, 작업 내역 변경 등을 활용한다는 것이 일꾼들의 귀마개로 작용하고 있지는 않은가?

이런 생각을 더 자세히 검토해 보자.

42
'무조건 많이'는 잘못된 상식

일꾼 "X"가 가장 느린 병사고 이 병사가 첫 줄에 있지 않다고 가정해 보자. "X"는 자기보다 강한 병사한테서 재료를 공급받게 된다. 이 개념을 공장에 적용해 보면 병목(X)이 처음 공정에 있지 않고, 그보다 더 큰 용량을 가진 다른 비병목(非瓶木, non-bottleneck) 자원(Y)에게서 재공품을 공급받는 게 된다. 더 강한 병사들인 비병목은 가장 느린 병사인 병목[10](瓶木)보다 같은 시간 내에 더 많은 부품을 생산할 수 있다.

당신이 비병목 자원을 맡은 반장이라 치자. 당신이 "효율성"에 의해 평가된다면 부서원들에게 무엇을 독려할 것인가? 쉬지 않고 일하여 효율성을 높여라!" 자, 이 부품들이 병목에 도달했을 때 무슨 일이 벌어질까? 그 앞에 쌓이지 않겠는가? 공장 전체의 입장에서 보면 확실히 좋지 않은 움직임이다. 효율성을 높이려고 애씀으로써 추가 생산율을 얻지 못하면서 재고만 더 만드는 셈이다. 하지만 당신이 걱정할 일은 아니다. 불필요한 재고가 쌓인 곳은 당신 부서가 아니니까 당신은 일을 잘한다고 평가될 것이다―부서원들을 부지런히 굴려 높은 효율성을 이끌어내기 때문이다.

반면에 공장 전체가 잘 굴러가게 하려면 부서원의 일을 조절해 당신 부서의 생산력에 못 미치는 병목의 용량만큼만 생산하도록 해야 한다.

---

10   물이 병 밖으로 빠져나갈 때 병의 몸통보다 병의 목부분의 내부 지름이 좁아서 물이 상대적으로 천천히 쏟아지는 것에 비유한 것이다.―국내 편집자

그렇게 되면 효율성은 어떻게 되는가? 당신이 좋은 점수를 얻으리라고 기대하는 가? 당신 부서의 효율성이 낮다면 경영진은 당신의 업무능력을 어떻게 평가할까? 당신은 어느 쪽을 택하겠는가?

공급이 부족한 부품을 필요로 하는 조립대에 그것이 아닌 다른 부품을 공급해 주고 있는 비병목의 반장에게도 같은 일이 벌어진다. 생산 능력보다 시장 수요가 적은 부품을 생산하는 부서의 반장도 마찬가지다. 이 세 가지 경우 모두에서 공장 어딘가에 재고가 쌓이게 된다―행렬의 늘어남처럼. 반장의 업무능력은 우수해 보이지만 그는 생산율이 아니라 전체 재고를 늘릴 뿐이다. 당연히 이것은 우리가 원하는 바가 아니다. 이처럼 우리의 작업윤리가 반장들과 일꾼들에게 잘못된 일을 시킬 수도 있지 않은가.

일꾼들이 드럼 소리를 따르도록 인센티브를 주는 문화의 변화를 고려해야 할는지도 모른다―귀마개를 제거하는 방법. 하지만 일꾼들이 드럼 소리를 따르게 만든다 하더라도, 과연 우리가 그들이 실제 따를 수 있는 방법으로 드럼을 치고 있는가?

군대 비유 3-③

초과재고의 원인

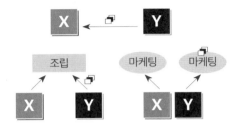

X : 병목 자원
- 수요를 거의 맞출 수 없는 자원

Y : 비병목 자원
- 초과 용량을 가진 자원

🗗 : 재고

43
불협화음을 내는 드러머

우리 공장에선 드럼 공장의 제약에 따라 치고 있는가 아니면 비현실적인 가정에 따라 치고 있는가? 예를 들면 각각의 자원이 무한 용량을 가지고 있다고—모든 병사가 우리가 원하는 만큼 빨리 행군할 수 있다고—가정하는 그런 논리 절차를 이용하고 있지 않은가? 느린 병사가 한 사람도 없는가? 그런 가정에 따른다면 병사들이 아무리 열심히 노력하더라도 그들은 늘 드럼 소리에 보조를 맞출 수 없는 것이다. 아니면 생산제품에 예정된 리드타임이 있다고 가정하고 드럼을 치고 있진 않은가? 평균 생산시간이 3개월이라도, 필요하다면 각각의 공정에서 최우선권을 줌으로써 어떤 주문을 단지 며칠 안에 서둘러 완성할 수 있다는 사실은 누구나 잘 알고 있다.

그렇다면 드럼을 치는 데 우리가 이용해야 하는 정확한 리드타임은 무엇인가? 3개월, 아니면 3일? 아마도 공장을 통과하는 리드타임은 우리가 어떻게 생산 스케줄을 결정하는가에 달려 있을 것이다. 주문이 정상 과정을 거친다면 3개월이 걸릴 것이다. 하지만 그것을 우선적으로 처리하기로 한다면 그 시간의 몇 분의 1 안에 끝마칠 수 있을 것이다. 요컨대 리드타임은 정확히 예정될 수 없고 우리가 공장을 어떻게 스케줄하기로 결정했는가와 함수관계에 있다.

우리 모두 공장에서는 끊임없이 일괄 작업량이 나누어지고 겹쳐지고 있다는 것을 알고 있다. 특히 월말에 선적을 앞두고 있는 때, 더욱 그러하다. 그런데도 어떻게 고정되고 지속적인 일괄 작업량을 생산할 것이라고 가정하고 드럼을 칠 수 있는가?

만약 우리의 논리 시스템이 이렇게 비현실적인 가정을 이용한다면 드럼 소리는 리듬이 없는 것이다. 우리의 드러머는 아무도 따를 수 없는 불협화음을 낼 뿐이다. 드러머-상사 접근법은 처음엔 꽤나 좋은 해결책으로 보인다. 하지만 어떻게 그것이 실행되어 왔는가를 검토한다면 그다지 만족스럽지 않다는 것을 인정해야만 한다. 이제 언뜻 약간 급진적으로 보이는 다른 해결책을 살펴보기로 하자.

군대 비유 3-④

공장에서 드럼치기

● 무제한 용량
● 미리 결정된 리드타임
● 고정된 지속적인 일괄작업량

대부분의 공장에서는 공장 제한이 아니라 위와 같은 비현실적인 가정에 따라
드럼을 치고 있다. 따라서 드러머-상사 접근법은 그리 만족할 만한 해결책이 아니다.

44
병사들을 로프로 묶자

병사들을 마치 암벽 등반가처럼 로프로 묶어 보자. 이 방법으로 로프의 길이만큼 늘어남(재고)을 제한할 수 있다. 사실 이 이상한 방법은 공장에서 대단히 성공적으로 이용되고 있다. 그것은 헨리 포드가 조립 라인을 개발했을 때 처음 시도된 것이다. 더 최근에는 적기선적의 대부인 도요타의 데키 오노가 매우 성공적인 간반 스케줄 시스템을 개발하는 데 이용했다.

 군대 비유 4

병사들을 로프로 묶다

- **헨리 포드의 발명** - 조립라인
- **도요타의 오노** - 간반 시스템

포드는 물리적 줄인 컨베이어 벨트를 이용해서 생산자원들을 함께 연결했다. 오노는 카드나 논리 줄을 이용했다. 이 두 로프 시스템은 엄청나게 성공적인 것으로 증명되었고 지대한 경제적 의미를 담고 있다. 포드의 조립라인은 대량생산의 시대를 열었고 우리 생활수준을 크게 향상시켰다.

오노의 간반 시스템은 포드의 아이디어를 비전용 기계에서 반복적으로 생산되는 제품으로 확장했다. 그것을 설치하고서 일본은 주요 경제 강국으로 부상하였다. 우리는 오노 접근법의 결과를 확실히 보고 있다—일본의 생활수준의 현저한 향상과 많은 산업 분야에서 우리의 주도적 위치 상실.

그 로프의 비밀을 알 수 있을까? 그것이 우리가 경주에서 이기게 해줄 수 있을까?

45

버퍼(buffer)-로프 시스템의 열쇠

포드와 오노 시스템의 열쇠는 컨베이어 벨트나 간반(JIT)카드가 아니다. 중요한 사실은 벨트와 카드가 각각의 두 작업장 사이에 미리 결정된 재고 버퍼[11](buffer)를 설정하는 메커니즘이라는 것이다.

포드의 조립라인에서 미리 결정된 버퍼는 두 공정 사이의 컨베이어 벨트 간격이다. 오노의 접근법에서는 각각의 부품 컨테이너에 하나씩 있는 카드의 숫자가 버퍼를 가리키며, 그것이 두 공정 사이에 이용되도록 미리 결정되어 있다. 그 버퍼는 선행 작업장의 일꾼에게 언제 일을 하고 언제 일을 하지 말 것인가를 알려준다. 버퍼가 가득 찼을 때 선행 일꾼은 작업을 멈춘다. 버퍼가 다 차 있지 않으면 일을 한다. 이 두 비슷한 접근 방법에서 작업 흐름은 동시화되어 재고가 우리의 재래식 작업 방법에 비해 상당히 줄어든다.

하지만 이런 로프 시스템에는 큰 결점이 있다. 한 작업장에서의 심각한 중단도 전체 흐름을 멈추게 하고 생산율의 손실을 낳는 것이다. 이 중단으로 인해 치르는 대가는 매우 크다. 만약 그런 일이 발생하지 않았다면 추가 제품들의 원료 가격만으로 생산될 수 있을 것이다. 이 때문에 로프 시스템에서 재료 흐름의 변동과 중단을 줄이는 데 많은 관심이 쏠리고 있다. 훨씬 더 믿을 만한 기계가 필요하다. 셋업

---

11   다른 속도를 가진 두 곳 사이에 위치한 기기.—국내 편집자

(setup) 시간은 줄고 예측할 수 있어야 한다. 생산 과부하는 피해야만 한다 등등. 이러한 문제들을 제거하기란 간단한 문제가 아니다. 그것은 우리에게 익숙한 조립, 처리 또는 운반 라인의 문제를 없애는 것과 똑같이 긴 과정을 요구한다.

 ## 동시생산 : 로프 시스템

조립라인과 간반 시스템

미리 결정된 재고 버퍼가
조립라인과 간반 시스템의
생산율을 규제한다

"버퍼가 다 차면 작업을 멈출 것!"

작업은 동시화되고
재고는 줄어든다

STOP!

"사고가 발생하면 전체 시스템이 멈춘다"

간반 시스템에서 변동을 줄이는 것도 똑같이 중요하다. 간반 시스템이 안전하게 설치되기 위해서는 변동을 줄일 필요가 있는데, 여기에는 매우 긴 시간이 소요되며 때로는 10년 이상이 걸리기도 한다. 이제 우리의 재래식 시스템과 이 로프 시스템을 비교해 보자.

46
서구식 방법-Just in Case

서구의 재래식 접근 방법은 JIC(Just-in-Case) 시스템으로 특정 지을 수 있다. 언제 원료가 공장으로 방출되어야 할지를 결정하는 드럼이 처음 공정의 초과 용량에 쥐어져 있다. 요컨대 일꾼이 아무 할 일이 없으면 재료를 더 주어 그가 일을 하게 만드는 것이다.

그 결과 로프 시스템보다 훨씬 많은 재고를 갖게 되지만, 생산율은 보호되는 이점이 있다. 불행히도 우리는 시장에서 우리의 경쟁력[미래의 생산율]을 희생하는 대가로 현재의 생산율을 보호하는 것이다. JIT 로프 시스템에선 그 반대 현상이 일어난다.

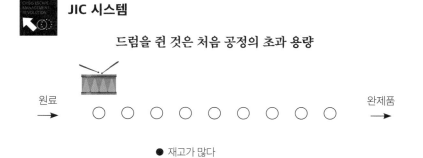

JIC 시스템

드럼을 쥔 것은 처음 공정의 초과 용량

원료 → ○ ○ ○ ○ ○ ○ ○ ○ ○ → 완제품

● 재고가 많다
● 현재의 생산율이 보호된다
● 미래의 생산율이 위태롭다

47
JIT 아니면 JIC-로프 아니면 도끼?

JIT 시스템에서는 드럼이 시장수요에 놓여 있다. 공장으로의 원료 방출은 마지막 공정이 시장에 물건을 공급했을 때 시작되는 연쇄 반응의 결과가 된다. 제품이 고객에게 보내지면 마지막 공정은 선행 공정과의 사이에 있는 버퍼에서 같은 양의 재료를 꺼내어 처리함으로써 그 물건들을 대체한다. 이 재료의 이용은 전 공정에 버퍼로부터 꺼내진 재료를 대체하라는 신호를 보낸다. 이 연쇄 반응, 또는 로프 당김은 결국 같은 양의 원료가 공장으로 방출되게끔 한다.

이 연쇄 반응은 어떤 신호 장치나 사인보드[12](signboard, 간반)를 통해 이루어진다. 간반은 특정 수의 부품을 담은 표준 컨테이너에 놓인 카드다. 다음 공정이 컨테이너를 가져가 처리할 때 카드나 간반이 그 앞 공정으로 되돌려 보내지는 것이다. 이 간반은 그 앞 공정에게 쓰인 부품을 대체하기 위해 컨테이너의 부품을 또 생산하라는 신호이다.

이 접근 방법에서 재고는 로프의 길이—미리 정해진 재고 버퍼—만큼 제한되어 JIC 접근법 때보다 훨씬 줄어든다. 현재의 생산율은 심각한 중단이 생길 때마다 덜어지지만 장기적으로는 적은 재고가 경쟁력을 증대시켜 미래의 생산율을 보호한다.

---

12   원래는 간판이라고 해석되나 여기선 문장에 맞게 간반(肝斑)이라고 했다.—국내 편집자

그렇다면 우리는 무엇을 해야 하는가? 일본을 모방해 JIT 접근법을 받아들일 것인가? 불행히도 우리는 그런 로프 시스템의 설치에 필요한 시간적 여유를 갖고 있지 않다. 하지만 아무것도 안 하고 있다면 우리의 경쟁자들이 우리 머리를 잘라 버릴 것이다. 무엇을 선택할 것인가? 로프 아니면 도끼? 아마 더 좋은 대안이 있을지 모른다. 다시 우리의 비유로 돌아가 보자.

JIC 시스템

드럼을 쥔 것은 마케팅의 수요

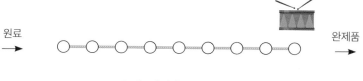

원료 →　　　　　　　　　　　　　　　　　　　→ 완제품

- 재고가 적다
- 현재의 생산율이 위태롭다
- 미래의 생산율이 보호된다

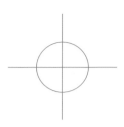

CRISIS ESCAPE
MANAGEMENT
REVOLUTION

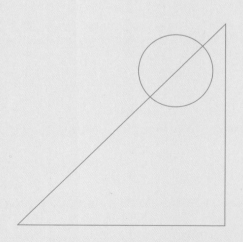

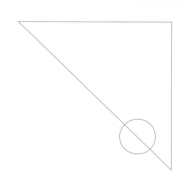

제 6 장.

JIT를 능가하는 새로운 시스템

New systems
outstripping JIT

48. JIT와 JIC의 약점을 제거하다 · 128

49. 드럼-버퍼-로프 시스템 · 131

50. 드럼-버퍼-로프 시스템 설계 · 133

51. 높은 납기일 준수능력 보장하기 · 135

52. DBR 시스템의 보편적 적용 · 138

53. 먼저 병목(甁木, Bottleneck)을 찾아라 · 140

54. 병목 스케줄 짜기 · 142

55. 스케줄 복잡하게 만드는 경우 · 144

56. DBR 버퍼는 우리문화와 충돌한다 · 147

57. DBR 로프는 경영문화의 혁신을 요구한다 · 149

제 6 장.
JIT를 능가하는 새로운 시스템

48

JIT와 JIC의 약점을 제거하다

가장 느린 병사가 속도를 정하기 때문에 만약 처음 줄의 병사가 그 가장 약한 병사보다 빨리 간다면 행렬만 늘어나게 되는 셈이다. 그렇다면 가장 느린 병사를 처음 줄의 병사와 로프로 묶어 바로 연결하면 어떤가? 이것은 우리의 군대(생산 공장)를 동시화하는 것과는 다른 접근법이므로 새로운 이름이 필요하다. 이것을 드럼-버퍼-로프(DBR) 접근법이라 부르기로 하자.

이 DBR 방식을 자세히 알아보자. 가장 느린 병사를 따라가는 병사들은 그보다 더 빨리 행군할 수 있기 때문에 언제나 그의 뒤에 바짝 붙을 것이다(물론 간격도 없다). 처음 줄의 병사도 가장 느린 병사보다 빨리 행군할 수 있지만 로프에 의해 그 병사와 같은 속도로 행군하도록 제약받는다. 처음 줄의 병사와 가장 느린 병사 사이의 병사들도 그 병사보다 빠르므로 처음 줄의 병사 뒤에 바짝 붙어 갈 것이다. 따라서 간격, 즉 늘어남은 가장 느린 병사 앞에서만 일어난다. 이 간격의 크기는 우리

위기탈출 경영혁명

가 선택한 로프의 길이에 의해 미리 결정될 것이다.

이 해결책의 이점을 검토해 보자. 가장 느린 병사를 따라가는 병사 중 하나가 총을 떨어뜨렸다고 가정해 보자. 포드와 오노의 로프 시스템에서는 전체 행렬이 곧 멈출 것이다. 하지만 DBR 시스템에서는 가장 느린 병사의 진행에 전혀 영향을 주지 않는다. 이 중단 때문에 약간의 늘어남[재고]이 생기겠지만 가장 느린 병사를 따라오는 병사들이 더 빠르기 때문에[초과 용량을 가져서] 곧 따라잡을 수 있을 것이다. 늘어남은 잠시뿐이고 전체 행렬[생산율]의 진행을 늦추지는 않을 것이다. DBR 방식에서 사고의 영향은 JIT 접근법과는 크게 다름을 알 수 있다.

확실히 DBR 방식은 어떤 이점을 갖고 있는 것처럼 보이는데, 좀 더 살펴보도록 하자. 만약 가장 느린 병사 앞의 병사가 총을 떨어뜨렸다면 그 느린 병사가 따라 붙기 전에 총을 줍는 한 행렬의 전체 속도엔 영향을 주지 않는다. 가장 느린 병사 앞의 간격[재고]이 앞선 병사[생산자원]의 사고에 대비한 버퍼 역할을 하는 셈이다. 재고를 가장 느린 병사 앞에 집중시키고 처음 줄의 병사를 그 느린 병사만큼만 걷게 하면 우리는 두 방법의 이점만을 얻을 수 있다. 재고는 JIT에서보다 적고, 생산율은 JIC에서보다 더 보호된다.

아마도 우리는 생산을 동시화하는 더 나은 방법을 찾아낸 것 같다. 여기서는 영업 비용을 위태롭게 하지 않고서도(더 많은 병사가 필요한 것이 아니므로) 현재의 생산율을 보호하고, 미래의 생산율을 향상시키며, 동시에 재고를 상당히 줄일 수 있는 것이다.

나무랄 데 없어 보이지만 DBR 방식이 모든 종류의 공장에 진짜로 적용될 수 있는 지를 한번 검토해 보자. 이 접근법을 사용하는 단순한 공장의 도식을 살피는 것부터 시작하자.

 군대 비유 5

가장 느린 병사가 전체 속도를 결정한다

- 행렬이 늘어나는 것을 막기 위해 가장 느린 병사를 맨 앞줄의 병사와 묶는다.
- 전체 속도를 보호하기 위해서 로프에 약간 여유를 둔다.

49
드럼-버퍼-로프 시스템

어느 공장에나 용량제한자원[13](CCR : Capacity Constraint Resource, 가장 느린 병사들)은 극소수다. DBR 방식은 그런 제한이 전체 공장의 생산율을 결정할 것임을 인식하고 있다. 따라서 주요 CCR을 드러머로 취급하자. 그것의 생산율이 전체 공장의 드럼 소리 역할을 할 것이다. 우리는 또한 각각의 CCR 앞에 재고 버퍼를 설정할 필요가 있다. 이 버퍼는 다음의 미리 결정된 시간 인터벌(지금부터 이러한 버퍼를 시간 버퍼라 부르겠다) 사이에 CCR을 계속 바쁘게 할 만큼의 재고만을 지니고 있다. 결과적으로 이 시간 버퍼는 미리 결정된 시간 인터벌 안에 처리될 수 있는 어떤 방해에 대해서도 공장의 생산율을 보호할 것이다.

재고가 시간 버퍼가 정한 수준보다 많아지는 것을 막기 위해 우리는 재료가 공장으로 방출되는 비율을 제한해야만 한다. 로프는 CCR과 입구(처음) 공정을 묶어야만 한다. 다시 말해 입구 공정이 생산에 재료를 방출하는 비율은 CCR이 생산하는 비율에 의해 좌우되는 것이다.

올바른 개념으로 보이는 이 DBR 논리 접근법, 드럼-버퍼-로프 시스템을 공장에서 실행할 절차를 고안해 보도록 하자. 좋은 논리 시스템은 공장이 얼마나 복잡한가에

---

13   정확하게는 주의를 에너지 혹은 자원으로 보는 모형에서 주의의 자원이 제한되어 있다고 생각하는데, 그렇게 제한된 주의 용량이라는 뜻.—국내 편집자

상관없이 공장 안으로의, 안에서의, 밖으로의 재료 흐름을 통제하는 수단(계획과 스케줄)을 가져야만 한다. 우리가 개발할 필요가 있는 것은 그러한 절차이다.

 동시생산 : DBR 시스템 1

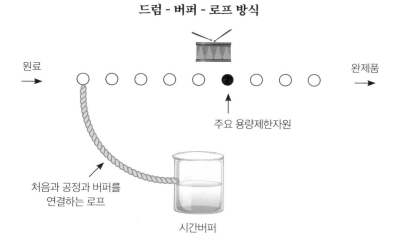

드럼 - 버퍼 - 로프 방식

원료

완제품

주요 용량제한자원

처음과 공정과 버퍼를
연결하는 로프

시간버퍼

50
드럼-버퍼-로프(DBR) 시스템 설계

몇 개의 공정 중 하나만이 CCR인 공정을 통과하는 부품을 살펴보는 것에서 시작해 보자. 이 부품은 몇몇 다른 고객들을 위한 완제품을 만들기 위해 결국 다른 부품들과 조립될 것이다.

공장의 두 가지 주요 제한은 시장 수요(우리가 팔 수 있는 제품의 양)와 CCR의 용량이기 때문에 우리의 스케줄(논리 흐름)은 당연히 그 두 가지 제한이 기초해야 한다. 따라서 처음 단계는 CCR의 제한된 용량과 그것이 만족시키려는 시장 수요만을 고려하여 그것의 스케줄을 정하는 것이다. 일단 CCR의 스케줄이 정해지면 비(非)제한자원들 모두의 스케줄을 결정할 필요가 있다. CCR의 스케줄을 이용하여 뒤따르는 공정의 스케줄은 쉽게 얻을 수 있다. 조립을 포함한 각각의 뒤이은 공정들은 간단히 전공정이 끝나면 시작된다. 이런 식으로 조립을 포함하는 모든 뒤따르는 공정을 위한 스케줄을 만들 수 있다.

이제 문제는 선행 공정들의 스케줄을 짜고 CCR을 그 선행 공정에서 만일 일어날지도 모르는 방해에서 보호하는 것이다. 앞서 말했듯이, 우리는 버퍼를 특정 시간 버퍼로 제한하려 한다. 선행 공정에서 방해의 대부분이 2일 안에 극복될 수 있다고 가정해 보자. 그렇다면 3일간의 시간 버퍼로 충분할 것이다. 이제는 간단히 CCR로부터 거꾸로 스케줄을 짜야 한다. CCR 바로 앞 공정은 CCR이 처리하기로 되어 있는 필요 부품을 CCR이 그것을 처리하기로 된 날의 3일 전에 완료하도록 계획을 세울 것이다. 다른 각각의 공정들도 비슷한 방법으로 역스케줄되어 부품을 다음 공정에 적기에 가용할 것이다.

이런 방법으로 우리는 이 도식적 접근법에 나타나 있는 모든 필요사항을 만족시킬 수 있는 스케줄과 시간 버퍼를 만들어낼 수 있다. 선행 공정의 어떠한 사고도 시간 버퍼의 범위 안에서 극복될 수 있다면 공장의 생산율에 영향을 미치지 않을 것이다. 생산율이 보호되고 재고는 줄고 영업비용도 늘지 않는다─좋아 보인다. 이제 어떻게 같은 조립대에 공급되는 다른 부품들의 스케줄을 짜는가?

동시생산 : DBR 시스템 2

드럼 - 버퍼 - 로프 방식 ②

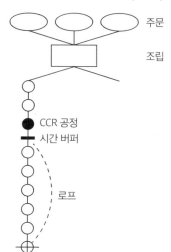

주문

조립

CCR 공정

시간 버퍼

로프

- 시장 수요와 CCR 용량에 맞춰 CCR의 스케줄을 정해야 한다.
- CCR의 스케줄에 따라 조립을 포함한 뒤 따르는 공정들의 스케줄을 정해야 한다.
- 시간 버퍼를 지원할 수 있도록 CCR 스케줄로부터 거꾸로 선행 공정의 스케줄을 짜야 한다.

51
높은 납기일 준수능력 보장하기

이제까지 세운 절차들은 공장의 생산율을 보호할 것이다. 하지만 고객 납기일을 맞추는 것 역시 중요하고 보호되어야 한다. DBR 방식에서 조립 스케줄은 CCR로부터 나오는 희소 부품의 가용성에 의해 결정된다. 이 희소 부품의 가용성이 제품의 조립과 선적 시기를 조절한다. 결과적으로 우리는 다른 부품들의 부족 때문에 조립 스케줄이 방해받지 않도록 노력해야 한다.

다른 부품들을 필요할 때 이용할 수 있도록 하기 위해 다시 한번 시간 버퍼를 만드는데, 이번에는 CCR로부터 나온 부품을 처리하는 조립 공정 앞에 놓는 것이다. 이 시간 버퍼의 목적은 CCR을 통해 가는 부품들의 조달과 생산에서 일어날 수 있는 사고로부터 조립 스케줄을 보호하는 데 있다.

이 접근법에 따라 그 부품들의 스케줄을 조립대 앞의 시간 버퍼에서 시작해 거꾸로 짜야 한다. 다시 한번 우리가 이 특정 조립 공정 앞에 3일간의 시간 버퍼를 설정한다고 가정하자. 조립 바로 앞 공정으로부터 오는 부품들은 조립대에서 그것을 처리하기로 한 날의 3일 전에 완성될 수 있도록 스케줄되어야만 한다. 이 역스케줄 접근법을 이용하여 우리는 언제 각각의 다른 선행 공정들이 시작되고 완성되어야 하며, 언제 재료가 공장에 도착해야 하는지를 정할 수 있다.

이제 조립대에 다른 부품을 공급하는 벤더나 작업장에서 일어나 수 있는 어떠한 사고도 그것들이 설정된 시간 버퍼 인터벌 안에 극복될 수 있다면 공장의 납기일 준수능력에는 영향을 미치지 않을 것이다. 모든 조립 공정 앞에 시간 버퍼를 두어야 하는 것은 아니라는 점에 유의하라. CCR과 비CCR 부품 둘 다를 처리하는 조립 공정 앞과, CCR 앞에만 시간 버퍼를 두면 된다. 이런 식으로 모든 부품은 원료에서 완제품에 이르는 여행에서 한 번 이하의 버퍼를 거쳐가게 된다.

동시생산 : DBR 시스템 3

드럼 - 버퍼 - 로프 방식 ③

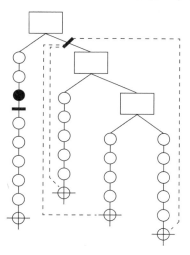

- 다른 모든 공정의 스케줄은 조립 스케줄을 지원해야 한다.

- 사고로부터 조립 스케줄을 보호하기 위해 CCR 부품을 필요로 하는 조립공정 앞에 시간 버퍼를 만들어야 한다.

- 재고가 줄어드는 반면, 어떤 사고가 발생해도 그것이 버퍼 시간 안에 극복된다면 공장 전체의 생산율은 저하되지 않는다.

DBR 논리 접근법은 흐름 공정과 좀 더 복잡한 조립생산 공장 둘 다 적용되는 것처럼 보인다. 도표를 보면 몇 개의 조립 제품을 만드는 공장의 드럼-버퍼-로프 시스템은 마치 큰 스파게티 도표처럼 생겼다.

52
DBR 시스템의 보편적 적용

아무리 크고 복잡한 공장이라도 CCR의 수는 제한되어 있다. 모든 CCR은 시간 버퍼에 의해 보호될 수 있고 그들에 의해 공급되는 조립도 마찬가지다. 각각의 버퍼는 입구 공정과 분기점에 로프로 연결되어 있다. 이 드럼-버퍼-로프 시스템의 적용에는 어떠한 제한도 없는 것처럼 보인다.

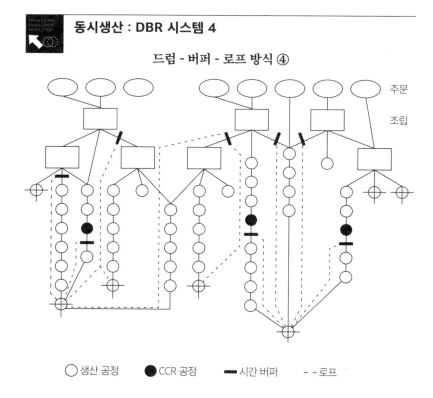

동시생산 : DBR 시스템 4

드럼 - 버퍼 - 로프 방식 ④

주문

조립

○ 생산 공정　● CCR 공정　━ 시간 버퍼　- - 로프

DBR 논리 시스템의 개념은 상당히 분명하지만 이 도표의 복잡성은 왜 우리에게 컴퓨터화된 시스템의 도움이 꼭 필요한지 보여주고 있다. 계산은 무척 단순하지만, 그것들을 일일이 실천에 옮기는 것은 시간 낭비이고 커다란 인내력을 요구한다.

그러한 절차를 집행할 때 맨 처음 머리에 떠오르는 질문은 어떻게 하면 어떤 생산 자원이 CCR인지를 빨리 밝혀낼 수 있는가이다.

53
먼저 병목(瓶木, Bottleneck)을 찾아라

언뜻 보기엔 CCR을 찾아내기란 몸서리쳐지고 끝이 안 보이는 과제처럼 보인다. 사실 일부 공장에서는 어떤 공정들이 CCR인지 잘 이해하고 있다. 하지만 다른 형태의 공장에서는 CCR을 공장 전체를 방화하는 유동 병목이라고 부른다. 또 다른 형태의 공장에서는 그 위치가 전혀 분명하지 않고 그것들을 알아내는 데 엄청난 시간과 조사가 필요한 것으로 나타났다.

동시생산 : DBR 시스템 5

제한 자원 찾기

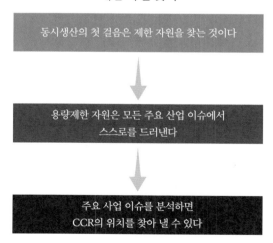

동시생산의 첫 걸음은 제한 자원을 찾는 것이다

용량제한 자원은 모든 주요 산업 이슈에서
스스로를 드러낸다

주요 사업 이슈를 분석하면
CCR의 위치를 찾아 낼 수 있다

우리의 과제가 처음엔 거대한 것으로 보이지만 해결책은 있다. 그 열쇠는 전체 공장의 제한(CCR)은 사업의 모든 면에서 스스로 모습을 드러낸다는 점을 인식하는 데 있다. 그렇다면 우리는 제한의 여러 영향에서 출발하여 놀랄 만큼 짧은 시간 내에 CCR의 위치로 초점을 맞출 수 있는 간단한 접근법을 고안해 낼 수 있다.

이 방법은 잘 정의되어 있고 철저히 검증되었으며 정기적으로 교육되고 있지만, 이 책의 범위 밖이다. 따라서 여기서는 그런 방법이 존재하며 우리가 이미 그것을 CCR의 위치 파악에 적용해 왔다고 가정하자. 일단 CCR이 밝혀지면 그것의 제한된 용량과 시장 수요에 맞춰 어떻게 CCR을 스케줄할 것인가라는 질문이 남는다.

54
병목 스케줄 짜기

CCR은 공장의 생산율을 제한하고 납기일 준수 능력을 좌우한다. 우리는 한편으로는 CCR이 그 용량 이상을 생산하도록 스케줄되지 않도록 해야 하고, 다른 한편으로는 스케줄을 느슨하게 짜서 용량을 낭비하게 해서도 안 된다. 마지막으로 CCR에서의 생산을 납기일 준수 능력을 높이는 방식으로 배열해야만 한다.

동시생산 : DBR 시스템 6

드럼 치기 ①

어떤 제품을 먼저 스케줄할까?
얼마나 많이 필요할까?
제품 생산에 얼마나 걸릴까?

● 생산율을 최대로 확보할 수 있도록 현재부터 앞으로의 스케줄을 짠다.
● 납기일에 따라 대충 순서를 결정한다.
● 하지만 스케줄을 수정해야 할 경우가 생긴다.

거의 모든 반장들이 사용하는 방법을 이용해 이 목표를 이룰 수 있다. 먼저 단순히 현재부터 앞으로의 스케줄을 짠다. 어떤 제품을 먼저 스케줄하고 얼마나 많이 필요하며 그것을 생산하는 데 얼마나 걸릴까 등을 결정하는 것이다. 그러고 나서 이 절차를 반복한다. 첫 날의 가능 시간이 다 차면 다음 날의 스케줄 짜기를 시작하고 그런 식이다. 유일하게 남은 문제는 선택하는 것이다. 처음 대충 순서를 짜는 것은 요구 제품의 고객 납기일에 따르는 게 좋다. 다음 주에 필요한 제품의 작업에 앞서, 이틀 후에 고객에게 필요한 제품의 작업에 들어가는 것이 좋다.

고객 납기일을 기준으로 CCR의 작업 순서를 정하는 것은 올바른 접근법이지만, 이 순서를 수정하게 만드는 네 가지 경우가 있다.

55
스케줄 복잡하게 만드는 경우

첫 번째 경우는 CCR 공정에서 제품 완성까지의 리드타임이 제품에 따라 크게 다를 때 일어난다. 제품 A는 일단 CCR에서 작업을 마치고 선적까지 겨우 하루의 추가 작업만이 남는다고 해보자. 반면에 제품 B가 선적되려면 CCR 작업 후에도 꼬박 한 주가 걸린다고 가정해 보자. 이런 상황에서는 CCR에서 고객 납기일에 맞춰 잡은 순서를 수정하는 것이 일리 있다. 따라서 비록 A가 이번 주에 선적되어야 하고 B는 다음 주로 약속되어 있더라도 A보다 B의 작업에 먼저 들어가는 것이다.

두 번째는 하나의 CCR이 다른 CCR에 부품을 공급할 때 일어난다. 그런 경우는 첫 CCR의 시장 납기일 순서를 지키다 보면 두 번째 CCR이 굶게 된다. 공장 전체의 생산율 저하를 야기하는 것은 전체 CCR에서의 시간 손실만이 아니다. 한 곳에서의 손실만으로도 생산율을 떨어뜨리는 것은 충분히 가능한 일이다. 이 상실된 시간의 가치를 꼭 기억해야만 한다. 만약 그것을 잃지 않았다면 본질적으로는 원료 가격만으로 추가 제품을 실어낼 수 있을 것이다.

세 번째로 흔히 벌어지는 상황은 CCR에서의 작업이 셋업을 포함할 때다. 즉 다른 제품을 생산할 때마다 그 자원을 변형하기 위해 시간과 노력이 필요한 경우다. 이 때에는 고객 납기일 순서에 정확히 따르기보다는 경우에 따라 특정 부품의 시장 수요를 만족시키기 위해 그것만을 며칠 동안 생산하는 게 나을 것이다. 이렇게 해서 몇 번의 셋업을 절약한다. 이런 방식으로 귀중한 CCR 용량을 실질 생산을 위해 더 쓰고 셋업에 쓰는 시간을 줄이는 것이다.

네 번째로 그 중요성에 비해 충분히 인식되지 않지만 흔히 경험하는 상황은 부품을 생산해내고 있을 때 발생한다. 이 경우 고객 납기일은 작업 순서를 결정하는 안내 역할을 전혀 하지 못한다. 모든 부품의 납기일이 같기 때문이다. 하지만 공장의 결과적 수행 능력은 우리가 선택하는 순서에 큰 영향을 받는다.

각각의 네 경우에 적당한 순서를 고르는 일은 고객 납기일에만 기초하여 순서를 정하는 것보다 더 복잡하다. 하지만 좋은 법칙을 세우고 컴퓨터 시스템에 입력할

동시생산 : DBR 시스템 7

드럼 치기 ②

스케줄을 복잡하게 만드는 상황

1 CCR로부터 납기일까지의 리드타임이 제품에 따라 다른 경우

2 한 CCR이 다른 CCR에 부품을 공급하는 경우

3 CCR에서의 작업이 셋업을 포함하는경우

4 CCR이 같은 제품에 한 개 이상의 부품을 공급하는 경우

수 있다. 강조해야 할 진짜 중요한 것은 드럼을 치는 정확한 방법이 아니라, 드럼-버퍼-로프 방식의 전체적 적용에 있다는 점이다.

그런 시스템을 만들기 위한 기술적 세부사항은 극복될 수 있고, 또 극복되어 왔다. 회사가 드럼-버퍼-로프 접근법을 빨리, 그리고 완전히 이용하는 것을 막는 진짜 어려움은 기술적 세부사항에 있지 않다. 장애는 DBR 방식이 몇몇 뿌리 깊은 행동양식과 정면으로 충돌한다는 사실에 있다.

56
DBR 버퍼는 우리 문화와 충돌한다

우리는 모든 재고 보호를 방해가 일어날 수 있는 장소 모두에 이용하는 게 아니라 오직 주요 공정 앞에만 집중하는 것이 논리적이라는 데 합의했다. 하지만 이것은 거의 모든 작업반장들의 행동과는 반대된다. 반장들은 재고 더미로 자신을 보호하는 데 익숙해 있다. 그렇게 하면 뒤따르는 공정에서의 어떠한 급수요에도 대응할 수 있기 때문이다. 최악의 경우 그런 일이 일어날 것임을 그들은 너무도 잘 알고 있다.

그들이 오랫동안 지녀 온 그러한 쥐 근성을 버리게 하기 위해서는 매우 설득력 있는 교육이 필수적이다. 우리가 그들에게 그들이 통제할 수 있는 가시적인 보호를 버리는 대신 자기 부서가 아닌 다른 곳에 전체 공장을 보호하기 위한 재고가 있음을 약속하고 있다는 것을 기억해야 한다. 우리는 반장들 개인의 문화가 아니라 경영진이 반장의 수행능력을 평가하는 방식에 따라 통제되는 문화를 다루는 것이다.

주요 공정에만 버퍼를 두는 개념은 반장들의 문화만이 아니라 고위 경영진의 문화와 더욱 거세게 부딪친다. 우리는 방금 적정 시간에 적정량의 재고를 특정 공정 앞에 두는 것이 매우 훌륭한 방어책이라는 점에 합의했고, 이 개념을 실행할 절차를 묘사하기까지 했다. 또한 경쟁력을 위한 광적인 경주 때문에 다른 곳에 있는 재공품 재고들이 유해하다는 점에도 합의했다.

이 두 아이디어는 현재 재고에 대한 경영진의 상당히 조리 있는 생각과는 많이 다르다. 경영진들은 자신이 재고를 가지고 있는 이유를 재평가하고 재분석할 필요가 있다. 아마 그 이유는 앞에서 설명한 경쟁력 요소 분석의 재정적 측면과 상충될 것이다. 여러 세대 동안 받아들여졌던 관행을 극복하기 위해서는 깊은 탐구가 필요하다.

버퍼 개념은 우리의 뿌리 깊은 문화와 정면으로 부딪치지만 그 의미는 로프 개념의 영향에 비추어 퇴색한다.

동시생산 : DBR 시스템 8

시간 버퍼 설정하기

- 재고 보호를 사고가 일어날 수 있는 모든 공정이 아니라 주요 공정 앞에 집중시킨다.
- 적정 시간에 적정량의 재고를 특정 공정 앞에 두는 것은 훌륭한 방어책이다.
- 여타 공정에서의 재고는 해로울 뿐이다.

57
DBR 로프는 경영문화의 혁신을 요구한다

우리는 공장 제한에 의해 결정된 스케줄에 따라 재료를 공급하고 처리하는 논리를 기꺼이 받아들였다(로프 개념). 일단 그랬다면 이 결정이 어떠한 상황에서도 단지 일꾼들에게 일을 주기 위해 재료를 공급해서는 안 된다는 사실임을 직시해야 한다. 이것이 아마 가장 극복하기 어려운 행동양식일 것이다.

일본은 이 문화 쇼크를 몇 십 년 전에 거쳤기 때문에 경쟁력 경주에서 앞설 수 있었다. 반쯤 처리된 고가의 부품들이 고임금 일꾼들이 작동시키고 있는 값비싼 기계 앞에 쌓여 있는 모습을 상상해 보라. 이 부품들은 4시간 안에 고객 주문을 위해 조립되어야 한다. 그런데도 일꾼들은 기계를 돌리지 않고 느긋하게 서 있다.

이런 상황에서 우리는 어떻게 반응할까? 아마 그 일꾼들과 반장을 혹독하게 문책할 것이다. 일본의 JIT 공장에서는 전혀 다른 반응을 보인다. 간반 시스템(JIT 스케줄 시스템)에서는 일꾼이 간반 카드를 가지고 있지 않는 한 부품을 생산하지 않는 것이 정확히 그가 할 일이다. 이런 차이는 국가나 일꾼들의 문화 때문이 아니라 경영 문화의 철저한 차이에서 비롯된다.

일본은 그러한 경영 문화의 변화가 가져다주는 엄청난 이득을 인식하고 증명해 왔다. 이제 우리도 일본과 똑같이 변화를 시도하든지 아니면 경주에서 떨어져 나와야만 한다. 앞의 개념들을 받아들이기 위해 문화를 변화시키는 것은 경영진의 몫이다. 필요한 자원 스케줄을 만들고 재료 흐름과 자원의 이용을 가상해 보는 과정은 컴퓨터 소프트웨어를 통해 쉽게 이루어질 수 있다.

DBR 개념들은 단순하고 쉽게 이해할 수 있어 어느 정도까지는 소프트웨어 시스템 없이도 실현될 수 있다. 소프트웨어의 필요성은 자료, 변화들(예측 변이 같은 것), 그리고 꼭 다루어야 할 가상 상황이 늘어남에 따라 증대한다. CCR의 수가 증가하고 4개의 복잡한 상황들이 더 뚜렷해질 때, 소프트웨어는 필수품이 될 것이다. 또 회사가 집중된 지속적 개혁 과정을 실현하려 한다면 반드시 필요하게 될 것이다.

동시생산 : DBR 시스템 9

로프 개념

● 공장 제한에 의행 결정된 스케줄에 따라 재료를 풀고 처리하라.

● 단지 일꾼들에게 일거리를 주기 위해 재료를 풀면 안 된다.

CRISIS ESCAPE
MANAGEMENT
REVOLUTION

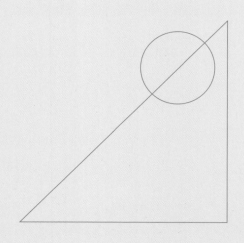

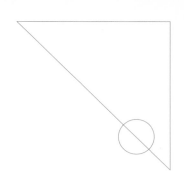

제 7 장.

21세기의 진정한 승자

the true winner
for the 21st cent

58. 지속적 개혁만이 살길이다 · 154

59. 시간 버퍼의 이해 · 157

60. 버퍼 내용은 계속 변한다 · 159

61. 실제 버리는 계획된 버퍼와 달라야 한다 · 161

62. 시간 버퍼의 관리 · 163

63. 버퍼 내의 구멍 · 165

64. 사고 요소 계산 · 167

65. 최소의 비용으로 최대의 이득 · 169

66. 가장 큰 구멍에 집중하라 · 171

67. 사고 줄여 경쟁력 얻기 · 173

68. 병목 다루기 · 175

69. 생산성 플라이휠 · 177

70. 결승점은 없다 · 180

제 7 장 .
21세기의 진정한 승자

58
지속적 개혁만이 살길이다

DBR의 설치는 회사가 다시 경쟁력 강화 경주에 뛰어드는 것을 가능케 한다. 사실 그런 설치를 통해 비교적 짧은 시간에 눈에 보이는 이익을 얻는다는 점은 정말 인상적이다. 하지만 DBR 시스템은 오랫동안 회사가 경주에 남아 있거나 경주를 주도하게 하지는 못한다.

그것이 아무리 중요하더라도 우리는 오직 하나의 개량만을 추구해서는 안 된다. 지속적이고 영원한 개혁과정을 세울 수 있는 길을 찾아야만 한다. 우리는 공장을 개혁할 필요가 있다는 것을 안다. 거의 끝없는 개혁이 가능하지만 불행히도 모든 걸 한꺼번에 할 수 없다는 것도 알고 있다. 그렇다면 어디서부터 시작해야 하는가? 어떤 구체적 개혁들이 우리를 더욱 우리의 목표로 가깝게 가게 해줄까? 어느 시점에서나 어떤 개혁이 가장 중요한가를 결정하는 데 일상적으로 이용될 수 있는 절차를 얻는다면 더욱 좋다.

우리는 생산율과 재고에 대한 용량 제한의 중요성과 왜 그것이 공장에서 매일 일어나는 많은 중단 등으로부터 보호되어야 하는지 살펴보았다. 버퍼를 주의 깊게 살펴보면 공장과 시장에서 일어나는 피할 수 없는 변동에 대해 많이 알 수 있다. 버퍼의 적절한 관리 방법을 이해하는 것은 즉각적으로 우리의 경쟁력을 높여준다(왜냐하면 이제 대부분의 재고가 버퍼에 있으므로). 동시에 경쟁력을 더욱 강화하기 위해 가장 필요한 개혁이 무엇인지 알려준다.

동시생산 : 지속적 개혁 1

지속적 개혁과정

단 한번의 개량이 아니라 지속적 개혁과정을 추구해야 한다.

이런 지속적 개혁과정은 생산회사의 거의 모든 경영 노력을 동시화하고 집중하는 데 이용될 수 있다. 여기서는 그것이 어떻게 개혁의 집중에 이용될 수 있는지 일례를 들어보자.

다음의 보기는 어떻게 버퍼를 관리하고, 그것을 공장에서 특정 사고의 중요도를 측정하고 수량화하는 데 이용할 수 있는가를 보여준다. 문제가 된 사고를 바로잡음과 더불어 DBR 접근법을 계속 적용하여 흐름을 동시화하고 버퍼를 관리함으로써 지속적이고 집중된 개혁 과정을 세울 수 있다.

이해를 돕기 위해 먼저 시간 버퍼에 대해 자세히 살펴보자.

59
시간 버퍼의 이해

CCR의 1주일 치 스케줄이 잡혀 있다고 가정해 보자. 이 스케줄은 한 주 동안 다양한 양의 다양한 부품을 처리할 것을 지시한다. 같은 부품이 이 처리 목록에 한 번이상 나타날 수도 있다. 왜냐하면 고객 납기일에 따라 순서가 정해져 있어 4개의 복잡한 상황 중 하나가 있을 때마다 수정되기 때문이다.

3일의 시간 버퍼 예를 계속 이용하기로 하자. 우리는 월요일, 화요일, 수요일에 CCR이 처리하기로 되어 있는 모든 부품들이 월요일 아침에 CCR 앞에 놓여 있기를 바란다. CCR 앞에 다른 부품들이 있는 것은 원하지 않는다. 거기에 더 많은 부품을 갖다 놓은 것은 우리의 보호를 더 의미 있게 해 주기는커녕, 오히려 시장 경쟁력을 약화시킬 것이다.

시간 버퍼를 사각형으로 묘사해 보자. 수직 축은 특정 부품이 요구하는 CCR 시간을 나타낸다. 수평 축은 언제(무슨 요일에) CCR이 이 부품들을 처리하도록 스케줄되어 있는지 알려준다.

어느 순간이라도 우리는 고정되고 미리 결정된 시간 버퍼를 가지고 있다. 하지만그 시간 버퍼의 내용은 계속 변하고 있다.

동시생산 : 지속적 개혁 2

시간 버퍼 ①

CCR의 스케줄

날짜	부품	수량	시간
월요일	A	25	5
	B	5	3
화요일	B	5	3
	C	5	5
수요일	C	2	2
	D	2	6
목요일	D	1	3
	A	25	5
금요일	C	2	2
	B	10	6

월요일 아침에 계획된 버퍼 내용

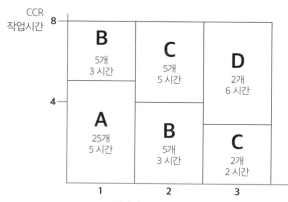

*3일간의 시간 버퍼를 설정할 때.

CCR 앞에 다른 부품들은 없어야 한다.

위기탈출 경영혁명

60
버퍼 내용은 계속 변한다

 ## 동시생산 : 지속적 개혁 3

시간 버퍼 ②

CCR의 스케줄

날짜	부품	수량	시간
월요일	A	25	5
	B	5	3
화요일	B	5	3
	C	5	5
수요일	C	2	2
	D	2	6
목요일	D	1	3
	A	25	5
금요일	C	2	2
	B	10	6

월요일 아침에 계획된 버퍼 내용

*3일간의 시간 버퍼를 설정할 때.

버퍼 내용은 CCR 스케줄에 따라 하루 하루 바뀐다.

화요일의 버퍼 내용은 달라야 한다. 이제는 화요일, 수요일, 목요일에 CCR에서 처리하기로 스케줄된 부품들만이 남아 있다. 월요일 치 부품들은 이미 다 썼고 금요일에 CCR에서 처리하기로 예정된 부품들은 아직 도착하지 않아야 한다. 이 버퍼의 순환 부품 개념은 각각의 부품이 일정한 재고 수준을 계속 유지하는 일반적인 안전 재고 개념과는 크게 다르다.

앞서 우리는 버퍼의 내용을 사각형으로 묘사하기로 했다. 이런 식으로 하면, 필요 부품의 양과 그것이 쓰일 순서, 그리고 그 부품들이 보호하는 CCR의 작업 시간을 알 수 있다. 이 접근법은 계획된 버퍼와 실제 버퍼 내용을 분석하고 단기적 경쟁력과 장기적 경쟁력 모두를 증대시킬 수 있는 행위가 무엇인지 결정할 수 있게 해 준다.

61
실제 버퍼는 계획된 버퍼와 달라야 한다

어떻게 시간 버퍼의 분석을 통해 경쟁력을 즉시 강화할 수 있는 행위가 무엇인지 알아낼 수 있을까? 우리는 버퍼의 목적이 사고로부터 생산율과 납기일 준수 능력을 보호하는 데 있다는 것을 안다. 만약 사고가 일어난다면 실제 버퍼는 계획된 버퍼보다 작음을 예상할 수 있다. 버퍼가 늘 차 있다면 계획된 재료 흐름에 영향을 줄 만한 사고가 없다는 확실한 표시다. 결과적으로 버퍼가 필요 없게 되고 생산율이나 영업비용의 손실 없이 재고를 제거할 수 있다. 실제로 버퍼를 제거하면 영업비용을 줄일 수 있다.

동시생산 : 지속적 개혁 4

시간 버퍼 ③

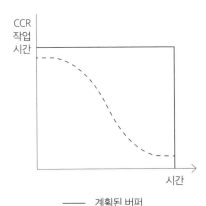

- 시간 버퍼는 재고의 대부분을 포함하고 있으며, 사고로부터 공장을 보호해야 한다.
- 사고가 일어났다면 실제 버퍼도 계획된 버퍼보다 작은 것이다. 반대로 버퍼가 늘 차있다면 버퍼는 전혀 필요하지 않다.

―――― 계획된 버퍼

- - - - 실제버퍼

주요 공정 앞의 실제 버퍼는 계획된 버퍼와 달라야 한다. 그렇다면 그것은 어떠해야 하나? 바람직한 버퍼와 실제 버퍼 형태는 다음 보기에 나와 있다. 시간 버퍼의 앞 1/3에 있도록 계획된 재료, 즉 CCR에서 먼저 소비되어야 할 재료는 언제나 있어야 한다. 반면에 나중 1/3에 계획된 재료는 대부분 없기를 바라야 한다. 실제 버퍼와 계획된 시간 버퍼의 중간 내용은 두 극 사이 어딘가에 있어야 한다. 이 버퍼 프로파일은 우리의 주요 공정들을 가장 극심한 변동으로부터 보호해야만 한다.

만약 실제 버퍼의 내용이 이러한 형태에서 벗어날 경우, 경쟁력을 즉시 증대시키기 위해 우리가 취할 수 있는 행동은 무엇인가?

62.

시간 버퍼의 관리

만약 실제 버퍼의 형태가 1번처럼 계획된 버퍼를 넘어 뻗어 있는 경우라면, 이것은 분명 선행 공정에서 재료가 필요한 것보다 더 빨리 생산되고 있음을 나타내는 것이다. 다시 말해 처음 공정에서 재료가 너무 일찍 방출되고 있는 것이다. 경영진이 DBR 시스템이 요구하는 문화 혁신을 완전히 실행하지 않은 탓이다. 따라서 더 많은 교육과 규율이 처음 공정에 필요하다.

2번 경우처럼 버퍼가 거의 차면 계획된 버퍼가 너무 크다는 확실한 표시다. 예컨대 보험료를 너무 많이 내고 있는 셈이다. 따라서 버퍼의 1/3이 완전히 차는 지점까지 계획된 버퍼의 크기를 줄여야 한다. 반면에 3번 경우는 완전히 찬 부분이 버퍼의 처음 1/3보다 작다. 이것은 버퍼가 너무 작아 CCR이 굶주리고 생산율이 저하할 위험이 있다는 것을 나타낸다. 계획된 버퍼는 처음 1/3이 완전히 찰 때까지 즉시 늘어나야 한다.

이제 버퍼에 적정량의 공간을 두는 것이 왜 중요하고, 어디에 그것을 위치시켜야 하는지를 알 수 있다. 더 나아가 우리는 버퍼 내의 변이나 구멍을 제거하는 행동도 취해야만 한다. 이런 구멍이 생기는 것을 막을 수 있다면 버퍼 크기를 더 줄일 수 있고 경쟁력을 높일 수 있을 것이다. 최소한의 노력으로 버퍼를 최대한 줄이려면 어디서 그 실마리를 찾아야 할까?

동시생산 : 지속적 개혁 5

시간 버퍼 관리

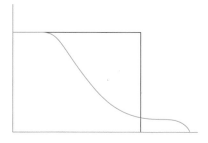

처음 공정에서 재료가 너무 일찍 방출되고 있다.

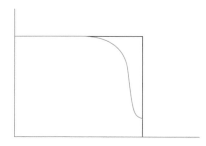

계획된 버퍼가 너무 크다.

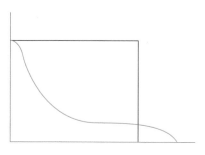

버퍼가 너무 작아 생산율이 저하될 위험이 있다.

63
버퍼 내의 구멍

계획된 버퍼와 실제 버퍼를 비교해 보면, 버퍼에 꼭 있어야 할 부품이 없는 경우가 드러난다. 이 부품들 또는 구멍은 선행 공정이나 벤더에서 재료 흐름에 이상이 올 때 생긴다.

이 시점에서는 그 재료가 어디에 있고 왜 그것이 버퍼에 늦게 도착하는지 알 수 없다. 다만 그것은 아직도 선행 공정 중의 하나(또는 벤더)에 분명히 머물러 있다. 다음 보기는 버퍼에 있기로 계획된 일정량의 부품 A가 아직 도착하지 않아 버퍼 안에 구

동시생산 : 지속적 개혁 6

버퍼 내의 구멍

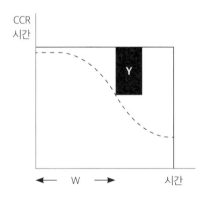

- 계획된 버퍼와 실제 버퍼의 차이는 재료 흐름의 사고를 나타낸다.
- W시간에 처리하기로 스케줄된 부품 A가 아직 도착하지 않아 버퍼 안에 구멍이 생겼다.
- Y는 부품 A가 도착되어 처리될 때 필요한 시간을 나타낸다.

멍이 생겼음을 보여준다. 이 없는 부품들은 그것이 도착되어 처리될 때 CCR 용량 중 Y시간을 요구할 것이다. 또한 버퍼로부터 이 부품을 처리하기 위한 CCR의 스케줄이 "W"시간임을 알 수 있다.

이제 우리는 버퍼 내의 구멍 크기(그것이 CCR에 미치는 영향)와 스케줄에 지장을 주지 않으면서 그 구멍을 메우는 데 얼마만큼 시간이 필요한지 알 수 있다. 이 정보가 사고의 중요도를 수량화하는 데 도움이 될 것이다.

어디에 그 부품들이 있는지, 그것이 왜 늦게 도착하는지, 이것이 우리에게 아직 남아 있는 문제다. 이 문제를 해결하려면 무엇이 필요한가?

64
사고 요소 계산

우리는 재고 통제 시스템을 검사하거나 단순히 현장에 직접 가봄으로써 없는 부품의 위치를 알 수 있다. 일단 이 부품들의 위치를 알아내면 우리는 어느 작업장 또는 벤더가 흐름을 방해했는지에 대한 꽤 좋은 단서를 얻게 된다. 사고 지점은 앞에 그 부품이 쌓여 있는 작업장이나 벤더일 가능성이 매우 높다.

이제 우리는 그 재료의 위치를 알고 있다. 따라서 그 사고가 이 버퍼와 다른 버퍼에 구멍을 만드는 다른 사고와 비교해 얼마나 중요한지를 수량화할 수 있다. 여기에는 세 개의 변수가 필요한데, 우리는 이미 그중 두 개를 알고 있다. 처음 것은 "Y"로, 이것은 CCR이 그 부품들을 처리하는 데 쓰는 시간이다. 이 변수는 그 재료가 버퍼에 제때 도착하지 않아서 생긴 손해의 크기를 반영한다. 두 번째 것은 보호 시간 "W"이다. 이것은 CCR이 이 재료의 부재로 인해 영향을 받는 시점이 되는데, 아직까지 남아 있는 시간이다. 세 번째 것은 "P"로, 그 부품을 CCR에서 처리할 수 있도록 준비 완료하는 데 필요한 처리 시간이다.

이 정보를 사용하여 우리는 버퍼 내의 각각의 구멍에 대해 한 숫자 또는 사고 요소를 계산하고 그것을 각 사고 작업장에 할당할 수 있다. 사고 요소가 더 클수록 그 사고의 원인을 제거하는 것은 더욱 중요해진다. 그 재료가 공장 안에 있지 않을 경우 이 사고 요소는 특정 벤더와 일치한다는 것을 명심해야 한다.

이제 공장의 모든 사고 요소의 상대적 중요성을 알게 됐다. 어떻게 이 정보를 이용해 우리의 경쟁력을 증대시킬 수 있을까?

동시생산 : 지속적 개혁 7

사고 요소 계산

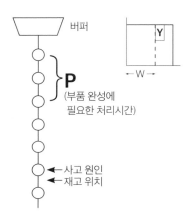

버퍼

P
(부품 완성에
필요한 처리시간)

← 사고 원인
← 재고 위치

- 버퍼에 없는 부품(재고)의 위치
를 추적한다.

- 그것이 사고 원인을 규명하는 데
도움을 준다.

- P, W, Y는 사고의 크기를 수량화
하는 데 이용될 수 있다.

65
최소의 비용으로 최대의 이득

우리는 이 계산을 공장의 모든 버퍼 내 구멍에 대해 반복할 수 있다. 각각의 원인에 대한 이 사고 요소들을 더한다면 각각의 자원과 벤더에 대한 "사고 요소"에 도달할 수 있다. 사고 요소의 크기가 재료 흐름을 방해하는 데 있어 그 원인이 얼마나 중요한지 알려준다. 이제 우리는 각 사고의 상대적 중요성뿐만 아니라 각 사고 원인의 상대적 중요성도 알 수 있다.

이 작업장/벤더 사고 요소들이 우리가 생산성 향상 노력을 어디에 집중시켜야 할지를 알아내는 데 우선적인 목록이 된다. 물론 처음에는 가장 큰 사고 요소를 가진 작업장/벤더를 상대해야 한다. 아무리 그 사고들을 분석하고 고치는 것이 힘들다고 해서 그것을 포기하고 목록의 아래에 있는 작업장의 쉬운 문제들을 고쳐 나가서는 안 된다. 그런 사고를 고치는 것은 우리에게 무언가를 고쳤다는 만족감을 줄지언정 아무런 의미 있는 근본적인 영향도 가져다주지 못한다.

우리의 개혁 노력은 파레토 원칙에 의해 주도되어야 한다. 파레토는 언제나 약간의 중요한 것들과 많은 사소한 것들이 있다고 주장했다. 다음 보기는 개혁으로부터 얻은 이득과 그 개혁에 필요한 비용을 대비시킴으로써 파레토 구상을 보여준다. 분명히 가장 바람직한 개혁은 비용에 비해 이득이 클 때다. 버퍼 내에 구멍을 만드는 사고를 계속해서 제거하려는 것이 바로 지속적 개혁과정이다. 우리의 노력을 가장 큰 사고 요소를 가진 소스로 향하게 하는 것이 이 지속적, 집중적 개혁과정의 일부이다.

일단 우리가 어디에 집중해야 하는지를 알아내고 수량화하면 그 문제들을 분석하고 고칠 좋은 기술은 무척 많다.

동시생산 : 지속적 개혁 8

파레토 원칙

최소의 비용으로 최대의 이득을 얻어라!

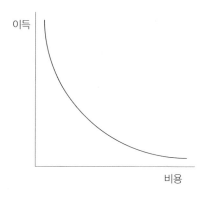

- 모든 버퍼 내 구멍에 대해 사고요소 계산을 반복하고 각 작업장의 사고 크기를 더하여 공장 내 각 작업장의 사고요소를 계산한다.

- 이 사고요소들은 생산성 향상 노력을 집중하는 데 우선 목록이 된다.

66
가장 큰 구멍에 집중하라

사고 요소들은 우리의 노력을 어디 집중할지, 그리고 개혁을 이루는 게 얼마나 중요한가를 알려준다. 하지만 무엇이 사고를 일으켰는가를 가르쳐주진 않는다. 가장 큰 사고 요소의 주요 원인을 결정하기 위해서는 그 소스를 분석해야만 한다.

작업장에서는 잦은 기계 고장이 흐름을 방해할 수도 있다. 바로 여기가 방어적 보수 노력을 집중해야 할 곳이다. 낡고 믿을 수 없는 기계가 문제라면 새 기계를 구입해야 한다. 혹은 가장 큰 사고 원인이 품질 문제일 수도 있다. 데밍 박사와 주란(Juran) 박사, 그리고 다른 이들은 품질 문제를 따로 떼어내어 해결할 수 있는 강력한 기술들을 제공해 왔다.

또한 길고 신뢰할 수 없는 셋업 때문에 사고가 발생했을 수도 있다. 그렇다면 일본이 개발한 상세한 셋업 감축 기술을 이용해야 한다. 아니면 자기의 부서를 효율적으로 보이게 하려고 노력한 반장 때문에 사고가 일어났을 수도 있다. 그는 셋업을 절약하기 위해 필요한 것보다 더 큰 일괄 작업량을 돌리고 있었을지도 모른다. 하지만 그 결과 필요 부품의 흐름을 방해한 것이다. 아마 이 문제는 강제적인 수단을 동원해 처리할 수 있을 것이다.

이런 예들은 어떻게 하면 지속적 개혁과정을 통해 복잡하고 잡다한 개량 기술을 강력하고 응집된 힘으로 집중시킬 수 있는가를 보여준다. 각각의 개량 기술은 지극히 이익이 되거나(만약 보편적 영향을 끼친다면), 돈의 낭비일 수 있다(국지적 영향만을 가질 때). 재고는 6개의 경쟁력 요소와 밀접하게 연결되어 있다. 때문에 우리는 시간 버퍼를 이용해 개혁에서 가장 주요한 분야가 무엇인지 파악할 수 있다. 그러고 나서 적절한 기술을 적용하고, 뒤이어 가장 중요한 지점에서 이 과정을 반복해야 한다. 이 기술의 일부나 모두를 모든 곳에 적용해선 안 된다. 다른 사고 원인들이 많이 있다. 그것들을 제거하는 데 똑같이 효과적인 기술도 이용할 수 있다. 목록상에서 가장 높은 데 있는 작업장(또는 벤더)의 문제를 바로잡는 것은 버퍼 내의 가장 큰 구멍을 메우는 데 가장 효과가 크다. 또한 이는 버퍼 크기를 줄이고 그 과정을 반복하는 것을 가능케 한다. 버퍼가 줄면서 그 효과는 확실히 나타난다.

동시생산 : 지속적 개혁 9

사고 요소의 소스 분석

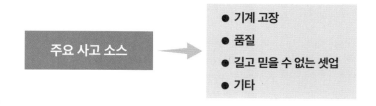

일단 개량을 통해 사고 원인을 제거하면 주요 구멍이 사라지고
시간 버퍼를 줄일 수 있다.

67

사고 줄여 경쟁력 얻기

올바른 생산성 향상 기술을 집중적으로 적용할 때, 사고는 줄고 버퍼 내의 가장 중요한 구멍은 제거된다. 버퍼가 재공품 재고의 대부분을 가지고 있기 때문에, 버퍼가 줄어든 만큼 경쟁력은 증대된다. 리드타임과 영업비용, 재고 투자가 줄고 품질과 납기일 준수 능력은 향상되며 개량된 제품을 더 빨리 소개할 수 있다.

 동시생산 : 지속적 개혁 10

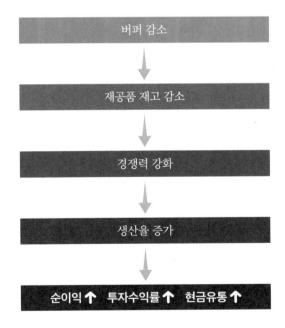

시장 수요는 증대할 것이고 그에 따라 생산율이 높아질 것이다. 이 추가 생산율은 영업비용과 재고의 증가를 수반하지 않기 때문에 매우 이득이 된다. 순이익, 투자 수익률, 투자와 현금 유통이 동시에 증가할 것이다. 우리는 목표를 향해 똑바로 움직이게 될 것이다.

하지만 이제 가장 중요한 사고 원인의 제거와 생산량의 증가에 따라 우리의 공장은 바뀔 것이며, 어디에 노력을 집중해야 할지도 바뀔 것이다.

68
병목 다루기

생산율이 증가하면 공장 내 초과 용량과 사고로부터 회복되는 데 필요한 시간이 줄어든다. 우리는 우리의 공장을 재고 버퍼와 강한 병사들의 초과 용량, 이 두 가지 사고로부터 막아 왔다. 강한 병사들은 그들이 총을 떨어뜨렸을 때 더 적은 용량으로 빨리 쫓아갈 수 있게 되었다. 한편 사고들은 가장 느린 병사(CCR)를 때때로 멈추게 한다(생산율의 저하). 이제는 우리가 그렇게 열심히 줄이려 애써 왔던 버퍼를 늘릴 필요가 생긴다. 공장 경영자들은 시장 수요의 변화와 공장 상황을 고려해 정해 놓은 버퍼량과 관계없이 방해의 가장 중요한 원인을 제거함으로써 끊임없이 버퍼를 줄일 필요가 있다.

생산율은 진짜 병목이 나타나는 수준까지만 증가할 것이다. 하지만 아직은 병목 공정의 용량을 늘리기 위해 서둘러 더 많은 장비를 살 필요는 없다. 먼저 취해야 할 빠르고 덜 비싼 조치가 많이 있다. 예를 들면 우리는 병목엔 점심 시간이나 다른 휴식 시간 또는 교대 시간에도 언제나 사람이 있도록 확실히 해야 한다. 병목이 이미 결함이 발견된 부품을 처리하도록 해서는 안 된다(병목 앞에 품질 검사관을 배치해서라도). 병목 시간의 낭비는 공장 생산율의 손실을 뜻하기 때문이다. 병목을 뒤따르는 공정들은 병목 부품들을 매우 주의 깊게 처리하도록 해야 하는데, 왜냐하면 모든 결함 부품은 곧 선적의 손실을 나타내기 때문이다. 그런 값싸고 효과적인 수단을 이용함으로써 우리는 병목으로부터 상당량의 추가 용량을 짜낼 수 있다. 이런 기술들을 다 이용하고 나서야 비로소 새 용량을 구입해야만 한다.

버퍼를 지속적으로 줄이고 병목 용량을 늘리려는 노력은 매우 유익하다. 초점을 가장 중요한 사고를 줄이는 것만이 아니라 병목의 생산율을 늘리는 것으로 옮김으로써 생산 능력을 새로운 차원으로 향상시키게 된다. 생산성 플라이휠(flywhell)을 정착시키기 시작하는 것이다.

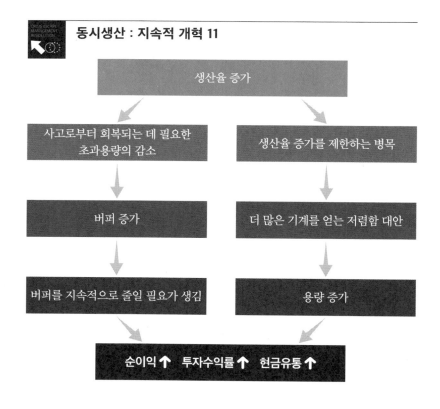

69
생산성 플라이휠(Flywheel)

생산성 플라이휠[14]을 정착시키는 첫 단계는 DBR 접근법을 이용해 동시 생산을 실행하는 것이다. 그리고 나서 재고 버퍼를 관리하고 개혁 노력을 집중할 필요가 있다. 마지막으로 가장 영향력 있는 곳에 JIT, 새 기술, 그리고 훌륭한 경영 관행을 도입해야만 한다. 그 결과 순수익, 투자 수익률, 그리고 현금 유통이 계속 증가할 것이다.

지속적이고 집중된 개혁 과정을 실현하기 위해서는 진짜 공장 제한의 위치를 이해하는 것이 요구된다. 일단 그러고 나면 그 제한을 제거하기 위해 모든 노력을 적용하는 데 초점을 맞추어야 한다. 제한을 제거하면 새 공장을 얻게 되고 다른 분야로 우리의 노력을 돌려야 한다. 어디에 새로운 제한이 있는지 알아내고 격렬하게 그것들을 공략할 필요가 있다. 제한들이 공장 밖에 있다 하더라도(이를테면 용량은 충분한데 시장 수요가 충분하지 않다든가), 아직까지 우리의 힘 안에서 영향을 끼칠 수 있다는 점을 기억해야 한다. 재공품 재고를 줄이려는 노력은 우리의 경쟁력과 시장 수요를 증대시킬 것이다.

이렇게 현재의 제한을 찾고 부수고, 다음 제한을 찾고 부수고 하는 계속된 노력은

---

14   플라이휠(flywheel)의 유효한 효과를 갖는 발전기 또는 수차 발전기 또는 엔진 발전기로서 사용되는 회전체를 의미하나 여기에선 경제적 회전을 의미한다.—국내 편집자

매우 강력한 지속적이고 집중된 개혁 과정이다. 이것이 바로 서구 산업계가 경주에 다시 뛰어들 뿐만 아니라 우리의 경쟁자를 앞지를 수 있는 길이다.

이 지속적 개혁 과정을 이용해 생산성 플라이휠을 끊임없이 가속되어 돌아가게 해야만 한다.

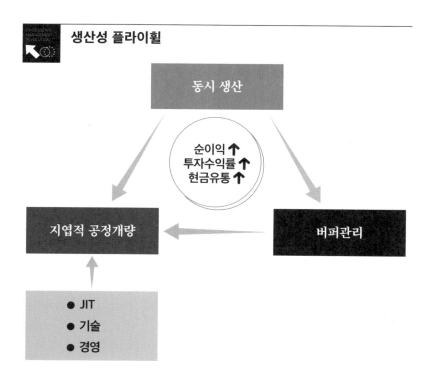

70
결승점은 없다

경쟁력을 위한 경주는 끊임없이 지속되어야만 한다는 점에서 마치 인류의 진보와 같다. 언제나 우리는 지금보다 더 잘할 수 있다. 우리 생산세계가 어떻게 작동하는지 더 잘 이해하고 적용할 때 많은 사람이 이득을 보게 된다. 산업혁명 이래 생산의 진보와 생활수준의 향상은 함께 이루어져 왔다.

오늘날 세계를 특징짓는 것은 잔인하리만큼 치열한 경주와 우리가 확실히 뒤처지고 있다는 사실이다. 그런 경향의 의미를 고찰하기란 매우 혼란스럽다. 세계의 강국으로서 우리의 위치와 생활수준은 확실히 위험에 처해 있다. 이 경향을 뒤집기 위해서는 우리의 조직에 지속적이고 집중된 개혁 과정을 뿌리내릴 필요가 있다. 우리가 진짜 문제를 마주하는 것을 막아 온 수많은 변명들은 영원히 무시할 필요가 있다.

우리는 우리 자신의 게임에서 진 것이다. 우리의 경쟁자들은 경쟁력을 얻기 위해 더 열심히 일한 게 아니라 더 똑똑하게 일해 온 것이다. 우리는 지속적 개혁 과정이 우리의 지위 회복을 도와줄 수 있다고 믿는다. 그것은 JIT 접근법보다 더 빠르고, 경제적이며, 집중된 과정이다.

우리가 그것을 이용한다면 이 경주에 진출할 수 있다. 그렇더라도 그 과정을 신속히 적용하기 위해 우리는 경험으로부터 배워야만 한다. 이 지속적 개혁 과정은 유일한, 최고의 길은 아니다. 더 나은 과정을 발견하기 위해 더욱 열심히 고민해야만 한다.

경주에서 승리하기 위한 노력에 커다란 성과가 있기를 바라며 행운이 있기를!

 결승점은 없다!

경쟁력 경주와 인류의 진보

지속적 개혁이 유일한, 최고의 길은 아니다.
더 나은 과정을 발견하기 위해 쉬지 않고 노력하라!

CRISIS ESCAPE
MANAGEMENT
REVOLUTION

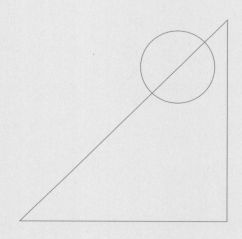

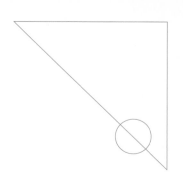

부록.

지속적 개혁과정

continuous reform process

변화에 대한 자세의 이해 · 188

보편적 주인의식의 획득 · 190

그를 합의에 도달하기 · 198

옮긴이의 말 · 203

부록.
지속적 개혁과정

오늘날 시장은 과거 어느 때보다도 더 복잡해지고 변화가 빠르며 경쟁도 거세지고 있다.

생산조직들은 시장점유율 경쟁이 날로 치열해짐을 목격하고 있다. 제품의 라이프 사이클이 짧아지고 무결함이 품질의 목표가 되었다. 새로운 기계 기술이 매년 소개 되고 제품 통제 시스템이 이전 것을 무서운 속도로 대체하고 있다.

이전에는 상대적으로 점진적 변화였던 것이 최근에는 기하급수적으로 증가하는 치열한 경주로 바뀌었다. 계속해서 개혁할 수 없는 자들은 뒤로 처진다. 왜냐하면 이런 상황에서 성공하려면 한 번 이상의 개혁이 필요하기 때문이다.

물론 각각의 개혁이 귀중한 시간을 약간 벌어주지만 경주는 무정하게 계속된다. 커 브의 경사는 더 깊어지고 개혁을 통해 벌 수 있는 시간은 더욱 짧아진다.

위기탈출 경영혁명

이제는 몇 개의 산발적인 개혁보다 훨씬 엄청난 것이 필요하다. 실로 오늘날 경쟁적 위치를 확고히 하고 향상시킬 수 있는 유일한 길은 지속적 개혁을 제도화하는 것이다.

그런 과정 없이는 많은 필요한 개혁이 산발적이고 단편적이어서 귀중한 에너지와 시간과 자원만을 낭비할 것임에 틀림없다.

진정 요구되는 것은 어느 곳에서의 개혁이 최대의 보편적 영향을 낳을 것인가를 언제나 확실히 알아낼 수 있는 과정인 것이다.

이 과정은 개혁으로부터 조직이 최대의 이득을 얻도록 해주어야 함과 동시에 다음에 개혁이 필요한 곳이 어디인가를 알아내고 그 영향을 수량화하는 것을 도와주어야 한다.

그러한 과정을 실행해 본 경험은 거의 없으나 간절히 필요하기 때문에, 개혁 과정에 대한 본능적인 저항의 근원과 이 저항을 깨기 위해 개발된 몇 가지 방법을 설명하고자 한다.

발전적이고 지속적인 개혁을 창출하는 과정이 유익하리라는 점에 이의를 제기하는 사람은 없다. 하지만 조직에 새로운 과정을 도입하려는 사람이라면 누구나 자신이 부딪치게 될 장애가 많음을 너무도 잘 알고 있다.

자세히 살펴보면 이러한 장애의 대부분이 개혁 과정에 영향을 받는 사람들의 저항에 뿌리를 두고 있음을 발견할 수 있다.

비록 이런 저항이 다양한 환경에서 각기 다른 형태를 취하더라도 지속적 개혁 과정의 도입이라는 목표를 이루기 위해 이러한 저항의 근원을 이해하고 대처해야 한다는 점은 마찬가지다.

사실 조직에서 변화보다 더 어려운 것은 없다―어떤 변화건 간에. 각각의 개혁은 비록 올바른 방향을 가리키더라도 그 정의상 변화이다. 그리고 그것은 잠재적 이득에도 불구하고 예측컨대 저항에 부딪칠 것이다.

개혁 과정은 그 본질상 지속적 변화 과정이다. 따라서 부딪쳐야 할 저항의 정도를 모두 다 느낄 수는 없겠지만, 상당히 심할 것임에 틀림없다. 저항은 기업 조직의 모든 층에서 올 것이다. 왜냐하면 변화는 공장에서처럼 이사회에서도 환영받지 못할 것이기 때문이다.

하지만 생존과 번영을 얻으려는 격렬한 경주에서 살아남으려면 반드시 경쟁력이 있어야만 한다는 사실을 받아들이는 한, 지속적 개혁 과정을 제도화하는 이외의 대안은 없다.

하지만 변화에 대한 뿌리 깊은, 거의 본능적으로 저항하는 경향은 그러한 과정의 도입을 불가능하게 하지는 않더라도 지극히 어렵게 만들고 있다.

변화는 그것이 어디에서 오건 반대를 불러일으키는데, 그 이유는 변화 자체가 잘못 인식되어서가 아니라 단순히 그것이 변화이기 때문이다.

누군가 변화에 대한 저항을 깨부수려고 시도할 수 있지만 이 접근법은 성공적일 때조차도 많은 노력과 시간을 요한다. 저항에 굴복하는 것은 효과적이고도 지속적인 유일한 문제 해결책을 포기하는 것을 의미한다. 따라서 처음 과제는 변화에 대한 사람들의 자세를 바꾸는 것, 즉 반대를 중립화하는 것이다.

변화에 대한 자세의 이해

무엇보다도 먼저 변화에 대한 사람들의 반응에 대비해 개혁을 향한 그들의 자세를 이해할 필요가 있다.

둘 다 정의상 변화이지만, "개혁"은 변화와는 달리 긍정적 의미를 함축하고 있다. 그렇다면 단지 사람들에게 우리가 제안하는 변화의 본질을 이해시키면 되는 것일까?

우리 개인의 경험을 한번 검토해 보자. 우리가 다른 이—상사든, 동료든, 하급자든 간에—에게 하나의 혁신에 대해 설명하려 했을 때, 얼마나 자주 말이 통하지 않음을 느꼈는가? 우리가 빈틈없는 논리적 주장과 분명한 설명, 거기다 뛰어난 사례까지 펼쳐 보였을 때도 듣는 이는 여전히 확신하지 못하고 우리의 제안이 지닌 가치를 완고하게 부정해 버린다.

이럴 때 우리는 자주 그들이 우리가 하는 얘기를 듣기는 했어도 진짜 듣지는 않았다는 느낌을 갖는다. 그들은 우리의 제안을 평가하기보다는 왜 그것이 제대로 안 될 것인가를 밝히는 데 정력을 쏟는 것처럼 보인다. 만약 우리가 메시지를 전달하고 모두가 그것을 받아들이게 된다면, 이것은 오로지 가공할 노력과 설득 덕분이다.

확실히 그런 식으로 개혁을 도입하는 것은 지속적 개혁 과정을 뿌리내리는 데에는 지극히 부적절하다.

과거 우리의 개혁 도입 경험을 분석해 보면 우리가 부딪치는 저항은 논리보다는 감정에서 우러나온다는 냉정한 결론에 도달하게 된다. 앞서 지적한 것처럼 우리의 제안은 개혁보다는 변화로 인식되고 변화는 모든 층에서의 감정적 저항을 반드시 일으킨다.

사실 감정은 받는 쪽에만 내재되어 있지는 않다. 우리 자신 또한 논리가 아닌 감정에 힘입어 몇몇 개혁을 실행하고 결국은 성공하게 되었을 것이다.

우리는 우리가 옹호하는 어떤 아이디어와 자신을 강력하게 동일시하는 경향이 있다. 종종 너무 그러기 때문에 남들은 그 아이디어를 우리의 "자식"으로까지 여기기도 한다. 지속적 개혁의 도입 과정도 부분적으로는 감정 싸움이다. 변화에 저항하는 감정은 결국 그 변화를 옹호하는 더 강력한 감정에 의해서만 극복되는 것이다.

하지만 우리의 목표는 인간의 감정 본능을 억제하고 가능하면 우리 모두에게 깊이 박혀 있는 그 감정까지 이용하는 것이다.

만약 조직 구성원 모두가 지속적 개혁과정을 채택할 필요가 있음을 스스로 확실할 수 있다면, 각 개인은 그 아이디어의 "주인의식"을 갖게 될 것이다. 그러고 나면 각 개인의 감정이 지닌 힘은 그 과정을 반대하기보다는 포용하는 방향으로 향할 것이다.
하지만 어떻게 그러한 보편적이면서도 개인적인 주인의식을 가짐과 동시에 조직을 통해 그런 의식을 일깨울 수 있을까?

보편적 주인의식의 획득

보편적이면서 동시에 개인적인 주인의식—말 자체는 모순되어 보이지만, 이것이 야말로 우리가 이룰 필요가 있는 것이다.

조직 전체가 지속적 개혁 과정을 환영할 수 있는 분위기를 만들려면 우리는 개인 들이 광범하게 몰입하도록 부추겨야 한다.

이 기적을 수행할 도구는 무엇이어야 하는가? 아마도 그것은 대량 분배가 가능하 도록 값싸고, 바로 이용할 수 있고, 셋업이나 지원 자원이 불필요하고, 이용하기 편 리하며, 개인의 속도나 기호에 따라 변형이 가능한 것이라야 한다.

여기서 초점은 개인이기 때문에, 책이 효과 있는 도구가 될 것이다.

하지만 모든 종류의 책이 아이디어의 개인적 주인의식을 습득하는 도구가 될 수는 없다. 교과서는 정보를 전달하지만 대개 상상력을 자극하지는 못한다. 독자들은 낱 말을 흡수하겠지만 좀처럼 그 아이디어의 주인의식을 갖진 못한다. 요컨대 독자를 개인적으로 포함하고 있고 가능하다면 그 독자 자신의 경험을 투영하는 책이 필요 하다.

우리의 조상들은 이 생각을 신통하게 여겼기 때문에 오랫동안 비유를 아이디어를 가르치고 통화하는 수단으로 써 왔다. 이 접근법이 책이나 연극, 영화 같은 데서 잘 구현될 때 독자나 관객은 자신을 등장인물과 동일시하여 그가 문제를 풀기 위해 어떻게 노력해야 하는지를 정신적으로 결정해 준다.

우리는 이 교습 도구—비유—를 이용하고 그것을 소설에 포용함으로써 『JIT를 잡아라』가 효과적이려면, 산업세계를 생생하고 실질적으로 그려야 한다는 것을 안다. 그 상황에서 개인이 부딪치는 압박감이나 문제, 그리고 일상의 결정들을 충실히 반영할 필요가 있다. 더 나아가 이상적으로는 독자가 주인공이 맞닥뜨린 문제를 자기 것으로 여기고 해결책을 찾는 과정에서 그가 느끼는 초조함을 공유할 수 있도록 해야 한다.

『JIT를 잡아라』가 독자들을 줄거리로 끌어들여 그 속에서 문제와 해결책 사이의 인과관계를 이해할 수 있도록 하지 못했다면, 그 아이디어의 주인의식을 효과 있게 창출하지 못했을 것이다.

우리는 독자들이 자신이 처한 환경과 비슷한 데, 또 자신이 경험한 많은 문제들이 펼쳐지는 데 놀라기를 바랐다. 또한 독자가 그 문제들에 대한 상식적 접근 방법을 개발하기 위한 투쟁을 간접적으로 겪게 함으로써 희미하게나마 빛으로 이끌기 원했다—일반적 해결책.

그 일반적 해결책으로부터 더 구체적으로 실행 가능한 해결책을 끄집어내면서 독자들은 그 구체적 해결책이 어떻게 만들어지는가에 대한 본보기를 이해하기 시작할 것이다. 곧 독자들은 비유에서 묘사된 사고과정에서부터 그 자신의 환경에서 마주치는 문제에 이 과정을 적용하는 것으로 본능적으로 도약할 것이라고 믿는다.

그러면 독자는 심리학자들이 말하는 "아하! 경험"을 하게 되는 것이고 그가 고안해 낸 해결책은 그것이 알렉스 로고의 문제에 대한 것이건 자기 공장에 대한 것이건 간에 그 자신의 것이 되는 것이다.

하지만 별개의 해결책들은 아무리 많이 실행되더라도 지속적 개혁 과정이 될 수 없다.

우리는 독자들이 구체적 "고안"뿐 아니라 훨씬 더 추상적인 주인의식을 개발하기를 원한다. 우리는 독자가 자기 조직에서 지속적이고 집중된 개혁 과정을 제도화하는 아이디어의 주인의식을 갖기를 바란다.

지속적이고 집중된 개혁 과정이란 무엇을 의미하는가? 어떤 조직에서든 아주 소수의 제한이 수행 능력 전체의 수준을 좌우한다. 이러한 소수의 제한이 해결될 수 있다면 전체 조직의 수행 능력은 상당히 향상될 것이다.

경험에 의하면 주요 제한을 줄이는 방안이 들어 있지 않은 개혁들은 긍정적 영향을 가지더라도 그 효과가 훨씬 작다.

따라서 지속적 개혁 과정의 첫걸음은 주요 제한을 정확히 알아내고 모든 노력을 그것을 완화하는 데 쏟는 것이다. 일단 그것이 이루어지면 전체 조직은 새로운 수준의 수행 능력을 갖게 되고 이제 다른 제한들에 의해 제약받게 될 것이다.

지속적 개혁 과정의 핵심은 우리가 그 수행 능력 수준에 만족해서는 안 되며 전체 조직이 더 높은 수행 능력을 획득할 수 있도록 새로운 제한들로 가능한 한 빨리 초점을 옮겨야 한다는 것이다.

이것은 끝없는 과정이다. 제한들은 아마도 조직의 한 분야에서 다른 곳으로, 그리고 조직 밖의 시장으로까지 옮겨갈지 모른다.

하지만 그 근원에 관계없이 조직은 언제나 주요 제한을 완화시키는 행위를 취할 수 있다.

우리는 독자가 그러한 과정이 가능할 뿐 아니라 더 나아가 자신의 조직 안에서 꼭 이루어질 수 있다는 느낌을 가지게 될 정도로 이 과정을 묘사하려 했다.

또한 그 과정을 생생하게 보여주고 그것의 몇몇 사이클을 묘사해야만 한다고 믿었다. 하지만 그것만으론 충분하지 않다. 각각의 사이클은 많은 독자들이 이미 부딪쳤던 제한들처럼 흔한 상황을 그려내야만 했다.

만약 이 책이 독자들로 하여금 그들의 상황과 연관 지을 수 있는 몇몇 사이클의 묘사에 성공했다면 독자가 전체적인 지속적 개혁 과정을 자기 것으로 여기게 될 확률은 매우 높아질 것이다.

따라서 책이 갖춰야 할 사항은 지극히 많아진다. 하지만 이 모두를 충족시키지 못한다면 아마도 지속적 개혁 과정에 대한 뿌리 깊은 저항을 극복할 수 없을 것이다. 만약 당신이 우리에게 연락해 온 많은 『JIT를 잡아라』의 독자와 같다면, 당신도 알렉스 로고가 그의 공장에 도입한 것을 당신의 공장에서도 시도해 보려는 강한 충동을 느낄 것이다.

또 알렉스가 행한 변화가 당신의 공장에도 도입되어야 한다고 확신하게 될 것이다. 더불어 그러한 변화가 매우 유익하지만 오늘날의 세계에서는 충분하지 않다고 믿을 것이다. 지속적 개혁 과정을 제도화해야만 알렉스처럼 우리의 공장도 살아남고 번영할 수 있을 것이라 여길 것이다.

독자는 이제 책에서 묘사된 것과 같은 접근법을 이용하여 자신의 조직에서 가장 완고한 문제들을 끄집어내려 할 것이다.

왜냐하면 이것이 많은 『JIT를 잡아라』의 독자들이 거쳐 간 과정이기 때문이다. 물론 책에서 묘사된 특정 환경과 비슷한 환경에 처한 독자일수록 더 그것을 더욱 자신과 동일시할 것이다. 이런 해결의 원칙이 산업계뿐 아니라 호텔, 정부 서비스 등 많은 분야에도 들어맞겠지만, 생산업계 사람들이 『JIT를 잡아라』에서 묘사된 환경과 유사점을 찾기 쉽기 때문에 주인공들과 자신의 상황에 더 쉽게 동일화할 것이다.

또 생산과 조립공장에서 일해 본 사람들은 처리 공장에서 일했던 사람보다 더 알렉스의 상황과 자신의 경험을 동일시하는 경향이 있다.

우리와 대화를 나눈 독자들은 책의 시나리오가 너무 현실적이어서 알렉스가 사장과 직원들, 그리고 가족들 때문에 겪는 걱정들이 친숙하게 다가온다고 전해주었다. 많은 독자들이 우리가 『JIT를 잡아라』를 쓰기 위해 그들의 공장과 집으로 몰래 숨어들어온 것이 아니냐는 말까지 했다.

그들은 『JIT를 잡아라』가 지속적 개혁과정의 도입에 따르는 사건들을 실감나게 묘사했기 때문만이 아니라 그것이 현대 생산조직의 이슈와 관심을 부각시켰기에 더욱 가슴에 와 닿았다고 말한다.

특정 공장에서 지속적 개혁 과정을 도입하는 사례를 접함으로써 독자는 그런 과정이 어떻게 진행되는가를 볼 수 있게 된다.

그들은 어떻게 전체 공장의 수행 능력이 병목의 규명과 연구에 의해 영향받는가를 볼 수 있었다. 더욱이 그들은 다른 문제—재고 관리가 어떻게 더 이상의 개혁을 방해하는가도 보았다.

『JIT를 잡아라』를 읽음으로써 독자들은 이 문제에 대한, 사실상은 모든 문제에 대한 해결책이 공장 내에 새로운 현실을 만들어 내고 그것이 또 다른 문제를 야기하는 것을 보았다. 조직 내적인 문제들이 해결되자마자 새로운 조직 외적인 문제가 나타나는 것이다.

알렉스는 일단 시급한 생산 문제가 해결되고 수행 능력이 급격히 향상되자 마케팅이 가장 큰 문제가 됨을 발견했다.

그런데도 알렉스는 외적인 문제를 내부 행동으로 처리할 수 있었다. 리드타임을 짧게 함으로써 추가 주문을 얻을 수 있었던 것이다.
독자들이 진정으로 인정하는 것은 공장의 현실은 늘 변한다는 사실이다. 모든 개혁은 이득을 가져다줄 뿐만 아니라 규명되고, 풀리고, 다시 변화해야 하는 새로운 현실을 낳는다. 이것이 바로 끝없는 과정인 것이다.

우리가 『JIT를 잡아라』의 수백 명의 독자들로부터 받은 편지들은 그들 대부분이 자신의 공장에서도 변화를 시도해야겠다는 강렬한 충동을 느낀다는 것을 보여주고 있다.

하지만 이 시점에서 주의를 당부해야 할 게 있다.

개혁이 하나의 기계를 다루고 있건 전체 공장의 마케팅 정책을 다루고 있건 간에 그것은 단지 특정 개인들의 이니셔티브에 의한 고립된 국지적 행위로 남는다는 것이다. 아무리 많은 이득을 가져다주더라도 이런 개혁만으론 충분하지 않다.

개인의 고립되고 부조화된 노력 이상의 것이 필요하다. 개혁은 조직된 그룹의 통합적 노력을 요구하는 것이다. 그것만이 지속적 개혁 과정을 보증한다.

따라서 우리는 어떻게 전체 그룹이 지속적 개혁 과정을 같은 시각에서 보고 그것을 함께 수용하게 만들 수 있는가 하는 문제에 직면한다.

경험에 따르면 사람들은 주요 이슈에 대한 일반적 동의에 도달한 뒤에도 그 이슈들을 해결할 구체적 절차에 대한 다툼에 믿기 어려울 만큼의 시간과 노력을 허비한다.

그룹 합의에 도달하기

앞에서 우리는 어떻게 하면 개인이 자신의 조직 내에서 지속적 개혁 과정이 필요하다는 아이디어의 주인의식을 습득할 수 있는지를 다루었다.

그것을 위해 우리는 매우 자세하고 명확한 사례를 담은 책을 이용했다. 이제 우리는 정반대의 문제에 봉착했다. 어떻게 하면 개인의 주인의식을 그룹 합의로 바꿀 수 있는가?

사실 한 그룹에서 누군가 특수한 사례를 들어 자신의 주장을 편다면 아무런 합의도 이끌어낼 수 없다. 그룹 성원 모두 자신이 처한 현실에서 서로 다른 유추를 끄집어낼 것이고 결국 과열된 논쟁을 낳을 뿐이다.

따라서 그 대신 매우 정확하고 빈틈없는 논리로 이루어진 일반 규칙과 절차를 형성하도록 유도할 필요가 있다.

하지만 그러한 일반 규칙과 절차는 모호하며 한 가지 이상의 해석에 좌우되기 쉽다고 간주되는 경향이 있다. 일반 규칙과 절차를 형성하는 그룹 과정을 통해 주인의식을 북돋우려는 것은 아마 대부분 무의미할 정도로 모호한 것을 낳고 말 것이다.

과연 대부분의 산업조직에 적용될 수 있는 일반적인, 그러면서도 강력한 접근법이 만들어질 수 있을까?

『JIT를 잡아라』는 그러한 몇 개의 규칙을 포함하고 있다. 하지만 그것은 주요 제한에 초점을 맞추고 짐을 덜어주는 데는 도움이 되지만 지속적 개혁 과정 자체를 얘기하고 있지는 않다.

『JIT를 잡아라』에서는 그런 제한을 단지 제안할 뿐이다. 하지만 우리가 그런 과정을 위한 일반 규칙과 절차를 형성하는 데 성공하지 못한다면 합의를 이룰 확률은 지극히 낮다.

그러한 합의 없이는 저항의 불씨가 다시 나타날 것이다. 조직이 지속적 개혁 과정의 개발과 제도화에 집착하는 동안 그것은 거센 불길로 자라날 것이다.

적절한 규칙과 절차를 그룹에 단순히 전달하는 것만으로는 그룹 성원이 그것을 수용할 것인지 여부를 확신할 수 없다. 때문에 이 접근법을 체계적으로 유도할 수 있도록 전달할 필요가 있다.

그런 유도는 현재의 산업 상황에 대해 일반적으로 동의한 그림으로부터 시작해서 매우 정확하고 잘 정의된 주장을 이용하여 진행될 때만 합의에 도달할 수 있다. 이때 빈틈이 없도록 확실히 해야 하는데 그렇지 않으면 인지된 잘못마저도 오해의 소지를 남길 수 있다. 이것이 바로 우리가 이 책에서 이루고자 한 것이다.

하지만 합의에 도달하는 것만으로는 바라는 결과를 얻을 수 없으며, 다른 조치를 취해야 한다.

일반 규칙과 절차로부터 이용 가능한 개혁 절차로 건너뛰는 것은 절대 사소한 작업이 아니다. 이번에 부딪히는 어려움은 적용의 문제이다.

『JIT를 잡아라』와 이 책에 묘사되어 있는 접근법은 세 개의 다른 적용 수단을 가지고 있는데, 처음 것은 경영 영역이다.

현대의 경영진들은 종종 문제와 결과를 별개의 사건으로 인식하는 경향이 있다. 이 접근법의 가장 효과 있는 측면 중 하나는 공장 내에서 서로 무관한 것처럼 보이는 많은 사건들이 사실은 아주 소수의 같은 소스에서 유래한다는 것을 깨닫는 데서 온다.

이 인과 관계의 인식은 아주 새로우며, 확실히 기업 경영 면에서 훨씬 강력한 방법을 제공한다.

적용의 두 번째 분야는 논리 영역이다. 『JIT를 잡아라』에서 이용되고, 이 책에서 더욱 정확히 분석되고 정의된 드럼-버퍼-로프 방식은 매우 우수한 논리 시스템이다.

그 시스템의 매력은 대부분의 공장이 처한 혼란과 독촉 상황을 제거한다는 사실에 있다.

버퍼 관리는 지엽적 개혁 노력을 한데로 모아준다. 달리 말하면 논리적 적용이 혼란을 줄이고 일상 행동에 질서를 부여하는 것이다.

적용의 세 번째 분야는 행태 영역이다. 『JIT를 잡아라』에서 유추되고 이 책에서 더선명히 부각되었듯이 지속적 개혁 과정은 최고 경영진뿐 아니라 공장 내에서도 지대한 행태적 효과를 낳는다.

이 세 분야에서의 적용은 기본적 평가 방법에 큰 영향을 미친다.

이 영향을 평가함에 있어 우리는 이 세 분야 사이의 긴밀한 연결과 상호 관련을 무시해서는 안 된다. 쉽진 않겠지만 합의가 순식간에 좌절로 변하지 않도록 적용의정도를 평가해야만 한다.

어떻게 하면 이것을 잘 이루고 다른 많은 장애물들을 제거해 빠른 시간 안에 효과적인 지속적 개혁 과정을 제도화하는가의 문제는 이 책의 범위 밖이다.

우리는 『JIT를 잡아라』와 이 책이 공장에서 필요한 변화들의 그룹 합의와 개인적주인의식을 증대시키는 데 매우 도움이 된다는 것을 알고 있다. 또한 지속적 개혁과정의 필요성과 그 운영에 대한 인식을 형성하는 데 영향을 미치고 있음도 안다.

하지만 결코 이 책들만으론 충분하지 않다. 서구 산업의 위태로운 입지와 촉박한 시간을 고려할 때 뭔가가 더 필요하다. 모든 직종에서 요구되는 변화에 대한 보편적 주인의식을 창출하기 위한 새롭고 혁신적인 도구가 필요하다. 드럼-버퍼-로프 접근법 같은 일반 규칙과 절차가 거의 모든 생산 분야에서 절대 필요하다.

이것이 서구 산업계가 처한 진짜 도전이다. 우리는 지속적 개혁 과정의 필요성과 그것에 대한 저항의 근원적 이유에 대한 자각이 개혁 과정을 개발하려는 노력과 결합되어 이 도전을 이겨내는 데 도움이 되기를 바란다.

옮긴이의 말

영원할 것 같던 세계시장에서의 일본의 독주가 위협받고 있다는 증거가 곳곳에서 나타나고 있다. 당장 눈앞에 크게 보이는 것은 일본 내의 경제 침체지만, 그 기저에는 세계시장에서 일본 제품들의 경쟁력 약화가 자리 잡고 있음을 알 수 있다. 물론 여기에는 무역장벽 같은 경쟁력 이외의 요소[코로나19]가 영향을 미치고 있으나, 과거에 그런 장벽마저 거뜬히 넘을 수 있을 정도로 막강했던 일본의 경쟁력이 시들해지고 있다는 점은 부인할 수 없다.

아무도 예측하지 못했던 이런 현상은 세계경제 패권을 둘러싼 각국의 경주가 다시 치열해졌음을 의미한다. 지난 40여 년 동안 이 경주는 한마디로 일본의 독주로 규정될 수 있다. 하지만 이제 일본에 추월당했던 미국과 유럽 국가들이 다시 일본을 바짝 따라붙고 있고, 여기에 한국, 대만, 중국 등 신흥 개발국들이 가세하여 혼전의 양상을 보이고 있다.

경주, 곧 경쟁이 치열해졌다는 것은 한 번 이 경주에서 낙오된 자가 다시 경주에 끼어들어 선두로 나서는 것이 이전보다 더 어려워졌음을 뜻한다. 요컨대 기존의 주자들이 전력질주하고 있는 상황에서 넘어지거나 잠시 쉬는 주자는 더욱더 선두에서 멀어져 갈 수밖에 없다.

한국의 상황은 어떤가? 우리 기업들은 지금 사력을 다하고 있고 이제 고지가 얼마 남지 않아 보인다. 마치 우리가 그들의 기술 하나를 배워 겨우 따라가는가 싶으면 그들은 다시 새로운 기술로 우리를 앞질러 나가는 식의 양상이 되풀이되고 있는 것이다. 이 갭을 조금이라도 줄이기 위해 우리는 그들의 경영기법이나 생산기술들을 수입해 오고 있다.

이런 상황을 반영하듯, 각종 첨단기법과 기술을 소개하는 경영 서적이 속속 출간되고 있고, 최근 들어 많은 수의 컨설팅 회사들이 생겨났다. 특히 그동안 줄곧 세계경제의 패자로 군림해 온 일본의 경영기법과 기술의 소개는 수를 헤아릴 수 없을 정도로 많다.

하지만 이제 이러한 현실에 대한 비판적 평가를 시작해야 할 때가 되었다. 우리는 그동안 수입된 일본의 경영기법이나 기술이 과연 우리 기업에서 얼마나 효과를 거두었는지 판단해 보아야 한다. 결론은 그런 이론들의 명성에 비해 우리 기업에서의 성공사례는 매우 드물고 대부분 기대치 이하임을 알 수 있다는 것이다.

그렇다면 이것이 과연 그러한 기법과 기술의 이론적 결함에서 비롯된 것일까? 분명히 그런 것만은 아닐 것이다. 왜냐하면 그 기술들에 힘입어 수십 년 동안 일본은 경제대국으로서 지위를 굳건히 누려 왔기 때문이다. 결국 실패의 더 큰 원인은 우리 자신에게 있는 것이다. 도입 기술에 대한 이해의 부족이나 노하우의 결여 등 기업들 개개의 능력의 모자람이 그 이유일 수 있다. 하지만 더 근본적으로는 그러한 기법이나 기술이 우리의 기업 풍토, 넓게는 문화에 적합하지 않다는 점을 지적할 수 있다.

가장 대표적인 예가 바로 JIT(Just-in-Time)이다. 금세기 최고의 재고관리 시스템으로 불리는 JIT는 일본이 세계경제 최강국으로 부상하는 데 절대적으로 기여한 이론이다. 역자가 미국에서 공부할 당시에도 미국의 유수한 경영대학원마다 많은 시간을 할애해 그것의 원리와 응용 방법 등에 대해 강의하고 있었다. 하지만 일본이 아닌 다른 나라에서 JIT를 도입해 성공을 거두었다는 소식은 거의 접할 수 없었으며, 오히려 막대한 투자에도 불구하고 소기의 성과를 거두지 못했다는 사례가 간간히 보고되고 있을 뿐이다.

우리나라에서도 그동안 JIT에 대한 관심이 지대했고 도입을 시도하거나 실제 도입했던 기업들이 있지만, 결국 도입 당시의 기대에 못 미친다는 것이 현재까지의 분석이다. 이유는 앞에서 지적한 것처럼 각 기업의 능력 부족에서 비롯되는 조직 내적인 문제와 기업들이 처한 조직 외적인 상황과 문화에 기인한다고 볼 수 있다. 하지만 JIT같은 내용도 깊이 있게 탐구하여 반면교사로 삼아야 됨을 잊지 말아야 한다. 하나의 이론은 그게 실패했더라도 매우 중요하게 기억되어 또 다른 실패를 가져오지 않아야 한다.

예를 들면 적정량의 부품을 적시에 공급하기 위해서는 공급자와 구매자 사이에 절대적인 신뢰관계가 전제되어야 한다. 이것은 인간적인 신뢰 형성뿐 아니라 기술적 시스템의 구축 또한 포함하는 것이다. 하지만 각 기업과 하청업자 사이에 그런 신뢰관계가 구축될 수 있는지 의문이며, 더욱이 극도로 열악한 도로 상황에서 적기선적이 100% 보장되기란 매우 힘들다는 것은 누구나 알 만한 문제이다.

오늘의 경주에서 선두주자의 기술을 빨리 습득하거나 그것에 대응할 수 있는 자체 기술을 개발하지 못한다는 것은 곧 경주에서 탈락함을 의미한다. 따라서 이처럼 다급한 상황에서 우리가 택할 수 있는 최선의 길은 우리의 기업 환경과 문화에 맞는 시스템을 도입하거나 개발하는 것이다.

이런 점에서 골드렛 박사의 『위기탈출 경영혁명』(원제 : The Race)은 우리에게 커다란 의미를 던져준다. 무엇보다도 이 책에서 묘사한 회사의 상황은 우리 주변의 기업에서 흔히 볼 수 있는 상황과 별 차이가 없을 정도로 보편적인 것이다. 그런 상황에서 저자가 제시하고 있는 시스템은 여러 면에서 우리에게 깊이 와 닿는다.

이 책은 그동안 경영이론의 밑바탕이 되었던 기본 전체의 허실을 파헤치는 데서 시작된다. 지금까지 한 기업의 거의 모든 결정이 비용 개념에 바탕을 두었던 것에 반해, 저자는 비용 개념이 결코 의사결정의 기초가 될 수 없음을 강조하고 있다. 비용 개념으로는 경쟁력 강화를 위해 필요한 많은 조치들을 정당화할 수 없다는 저자의 지적은 그 논리의 정연함, 그리고 적절한 비유로 우리의 고개를 끄덕이게 한다.

이러한 인식에서 혁신적 대안을 제시하지만, 그렇다고 이 시스템이 기존의 것과 완전히 다른 것은 아니다. 새로운 시스템은 JIT와 서구의 JIC의 장점만을 결합해서 만든 하나의 발전 형태인 것이다. 따라서 기존의 시스템에 대해 알고 있는 사람이라면 지극히 쉽게 이해하고 활용할 수 있는 시스템이다. 또 이 시스템을 도입하는 데 대규모의 초기 투자(Initial Investment)가 필요하지 않기도 하다.

많은 투자가 필요하지 않은 이유는 이 시스템이 지극히 간단하다는 데 있다. 간단한 관찰과 수학적 계산만이 이 시스템 도입에 필요하고 운영에 있어서도 몇 가지의 규칙만 준수하면 되는 것이다. 더욱이 저자는 이 시스템을 도입하려는 사람들이 취해야 할 단계까지도 상세히 설명하는 친절함을 보여준다.

이런 경제성과 용이성이 많은 기업들을 이 시스템으로 불러들였는데, GE, 코닥 등을 비롯한 많은 기업들이 이 시스템을 도입했다. 그 결과 지금까지 보고된 성공 사례는 그 유례를 찾아볼 수 없을 정도로 다양하고 인상적이다. 생산성의 획기적 증가, 비용의 대폭 절감, 재고의 놀라운 감소, 상품 회전율의 증가 등의 효과가 지금도 속속 보고되고 있다.

이 책은 새로운 이론과 시스템 개발에 줄곧 매진해 온 골드렛 박사의 또 다른 결실이다. 이미 『JIT를 잡아라』를 통해 그 아이디어의 참신성과 탄탄한 실용성으로 큰 반향을 불러일으켰던 골드렛 박사가 거기서 간단히 소개했던 시스템을 더 확장하여 설명해 놓은 것이 바로 이 책이다. 『JIT를 잡아라』가 교육에 대한 저자의 확고한 관점에 따라 독자들이 유추 과정을 즐길 수 있는 소설 형식으로 쓰인 데 비해, 이 책은 시스템의 실체와 그것의 도입에 더욱 관심을 갖고 있는 기업 경영자들을 위해 쓰였다 할 수 있다.

이 책만큼 첨단 경영관리 기법을 간명하고 정확하게 설명한 책은 드물다. 특히 대부분의 기업이 부딪치고 있는 현실에 기초한 보편타당성과 실제 기업 환경의 분석에서 오는 현실성, 그리고 시스템의 도입에 대한 단계적 제안과 설명은 이 책의 실용적 가치를 더욱 높이고 있다. 한마디로 이 책은 현대의 경영자라면 꼭 읽어야 할 필독서인 것이다.

옮긴이 홍성완

철학대사전(개정증보판)과 세계철학사(전5권)

『철학대사전』은 『세계철학사』(전5권)를 읽는 독자들을 위해 만들어졌다. 본 사전에는 아직도 각종 모순이 중첩되어 있는 이 땅에서 자연과 사회 및 인간 사유의 일반적 발전 법칙을 탐구하여, 올바른 세계관을 수립하고 각종 모순을 인식하고 해결하는 데 초석이 되도록 편찬되었다. 따라서 이 사전은 진보적 철학의 비중을 대폭 높였으며 특히 한국철학에 있어서 새로운 민중적 시각을 통해 재정리하고자 했다. 또한 이 사전은 철학의 근본문제를 비롯하여 여러 문제, 사회관, 인생관, 가치관, 역사관 등의 문제와 기타 철학의 발전과 긴밀히 연결된 사회과학과 자연과학의 논점도 동일한 입장에서 다루었다. 때문에 이 사전과 동일한 입장에서 일관성 있게 집필된 본사 발행 『세계철학사』(전5권)와 함께 유용한 지침서가 될 것이다.

철학대사전편찬위원회 지음/국배판 칼라인쇄/고급 서적지 및 고급 양장케이스/정가 980,000원

『세계철학사』(전5권)는 국내판을 출간하는데 30여년에 걸쳐 기획되고 수정된 책으로 연 40여명의 편집인이 동원되었다. 본서는 1987년 7월 처음 출간되어 1998년 2월에 재편집되었으며 2009년 5월에 3차 증보판에 이어서 이번이 제4차 개정증보판이다. 대본으로 사용한 책은 「러시아과학아카데미연구소」(Akademiya Nauk SSSR)에서 출간한『History of Philosphy』(전5권)를 다시 국내에서 우리나라 실정에 맞게 재편집하고 현대적 용어와 술어로 바꾸어 번역한 것으로, 국내판은 고대 노예제 철학의 발생으로부터 자본주의 독점 시대까지의 철학을 재편집하였다.

크라운판 고급인쇄/고급 서적지 및 고급 양장케이스/전5권 세트 정가 750,000원

중원문화 아카데미 新書

1 **한국근대 사회와 사상**
· 일본 교토대학교 연구소 엮음

2 **걸어다니는 철학**
· 황세연 저

3 **반듀링론**
· F.엥겔스/김민석 역

4 **헤겔 법철학 입문**
· 꼬우즈미 따다시 지음

5 **이성과 혁명**
· H.마르쿠제/김현일 외 역

6 **정치경제학 교과서 I-1**
· 짜골로프 외/윤소영 엮음

7 **정치경제학 교과서 I-2**
· 짜골로프 외/윤소영 엮음

8 **정치경제학 교과서 I-3**
· 짜골로프 외/윤소영 엮음

9 **이탈리아 맑스주의**
· K.프리스터/윤수종 옮김

10 **걸어다니는 경제사**
· 황세연 편저

11 **자본론에 관한 서한집**
· K.마르크스와 F.엥겔스 저

12 **지배와 사보타지**
· 안토니오 네그리/윤수종 옮김

13 **과학기술사**
· 석동호 편저

14 **저개발과 의약품**
· M. 뷜러/우연재 옮김

15 **맑스주의의 세 갈래길**
· W. 레온하르트/하기락 옮김

16 **역사적 맑스주의**
· R.알튀세르/서관모 옮김

17 **경제학의 선구자들**
· 일본경제신문사/김종호 옮김

18 **근현대 사회사상가 101**
· 이마무라 히토시/안효상 옮김

19 **맑스를 넘어선 맑스**
· 안토니오 네그리/윤수종 옮김

20 **교육과 의식화**
· P.프레이리/채광석 역

21 **정치경제학 교과서 II-1**
· 짜골로프 외/윤소영 엮음

22 **정치경제학 교과서 II-2**
· 짜골로프 외/윤소영 엮음

23 **청년 마르크스의 휴머니즘**
· H.포피츠/황태연 역

24 **사회를 어떻게 볼 것인가?**
· 황세연 편저

25 **헤겔연구②**
· 임석진 외저 (절판)

26 **칸트 철학입문**
· W.O.되에링/김용정 역

27 **노동조합 입문**
· 양원직 편저

28 **마르크스에서 쏘비에트 이데올로기로**
· I.페처/황태연 역

29 **소유의 위기**
· E.K.헌트/최완규 역

30 **변증법의 현대적 전개①**
· W.뢰트/임재진 역

31 **변증법의 현대적 전개②**
· W.뢰트/임재진 역

32 **모순의 변증법**
· G.슈틸러/김재용 역

33 **헤겔연구③**
· 임석진 외저 (절판)

34 **국제무역론**
· 久保新一/김선기 역

35 **칸 트**
· 코플스톤/임재진 역

36 **자연과학과 철학**
· H.라이헨바하/김희빈 옮김

37 **철학 입문**
· 황세연 편역

38 **맑스주의의 역사 ①**
· P. 브르니츠기/이성백 옮김

39 **맑스주의의 역사 ②**
· P. 브르니츠기/이성백 옮김

40 **한국사회와 자본론**
· 황태연 저

41 **정치경제학 비판을 위하여**
· K.마르크스/김호균 역

42 **과학기술 혁명시대의 자본주의와 사회주의**
· 황태연 저/허상수 엮음

43 **혁명운동의 문제들**
· S. P.노보셀로프/이창휘 옮김

44 **마키아벨리의 고독**
· 루이 알튀세르/김민석 역

45 **들뢰즈와 가타리**
· 로널드 보그/이정우 옮김

46 **과학적 사회주의**
· G.그로서/송주명 옮김

47 **맑스-레닌주의 철학의 본질**
· F. V. 콘스탄티노프/김창선 역

48 **철학의 기초(1)**
· A. 라키토프/김신현 옮김

중원문화 아카데미 新書

49 철학의 기초(2)
• A. 라키토프/김신현 옮김

50 소수자 운동의 새로운 전개
• 윤수종 외 지음

51 한눈에 들어오는 서양철학사
• 타케다 세이지/홍성태 옮김

52 마르크스즘과 유로코뮤니즘
• 산티아고 까리요/김유향 옮김

53 맑스주의와 프랑스인식론
• P. 토미니크 르쿠르/박기순 옮김

54 논리의 오류
• 에드워드 데이머/김회빈 역

55 프랑스 문화와 예술
• 마르크 블랑팽 · 장 폴 쿠슈/송재영 옮김

56 개발과 파괴의 사회학
• 홍성태 지음

57 인민의 벗이란 무엇인가
• V. 레닌/김우현 역

58 예술 · 정보 · 기호
• 가와노 히로시/진중권 역

59 담론의 질서
• 미셸 푸코 지음/이정우 해설

60 사회학의 명저 20
• 김진균 외 지음

61 철학사(1)
• Akademiya Nauk SSSR 편

62 철학사(2)
• Akademiya Nauk SSSR 편

63 철학사(3)
• Akademiya Nauk SSSR 편

64 철학사(4)
• Akademiya Nauk SSSR 편

65 철학사(5)
• Akademiya Nauk SSSR 편

66 인격의 철학, 철학의 인격
• 김종엽 저

67 담론의 질서
• 푸코 지음/이정우 옮김

68 교육자의 길
• 이오덕 외 저

69 정치경제학
• 짜골로프 저

70 박정희 시대-5.16은 쿠데타다
• 이상우 저

71 박정희 시대-민주화운동과 정치주역들
• 이상우 저

72 박정희 시대-5.16과 한미관계
• 이상우 저

73 박정희와 유신체제 반대운동
• 이상우 저

74 세계사 (제국주의 시대)
• 김택현 편

75 세계사 (제1차세계대전)
• 김택현 편

76 세계사 (제2차세계대전과 파시즘)
• 김강민 역

77 세계사 (현대)
• 조진원 편/이춘란 감수

78 근현대 형성과정의 재인식①
• 안종철 외 저

79 근현대 형성과정의 재인식②
• 정근식 외 저

80 시몬느 베이유 철학교실
• 앙느레느/황세연 역

81 소크라테스에서 미셸 푸코까지
• 기다 캔/김석민 역

82 상식 밖의 세계사
• 가바야마 고아치/박윤명 역

83 들뢰즈와 카타리
• 로널드 보그 저/이정우 옮김

84 새로운 예술을 찾아서
• 브레이트 저/김창주 역

85 역사 유물론의 궤적
• 페리 앤더슨/김필호 외 옮김

86 철학적 맑스주의
• 루이 알뛰세르/서관모 역

87 생산의 발전과 노동의 변화
• 마이클 피오르 외/강석재 외 역

88 항일과 혁명의 한길에서
• 김운선 지음

89 지배와 사보타지
• 안토니오 네그리/윤수종 역

90 헤겔철학 서설
• 오토 푀겔러/황태연 역

91 과학적 공산주의란 무엇인가
• 빅토르 아파나시예프/최경환 역

92 페레스트로이카 논쟁(서독)
• 에케르트 외/송주명 역

93 페레스트로이카 논쟁(동독)
• 모르겐슈테른 외/신현준 역

94 페레스트로이카 논쟁(프랑스)
• 프랑시스 코엥/신현준 역

95 페레스트로이카 논쟁(소련)
• 야코블레프 외/신현준 역

96 마르크스주의와 개인
• 아담 샤프/김영숙 역

중원문화 아카데미 新書

97 변증법이란 무엇인가 • 황세연 지음	**109** 근대성의 경계를 찾아서 • 서울사회과학연구소 지음
98 지역 민주주의와 축제의 관계 • 정근식 외 저	**110** 헤겔과 마르크스 • K.베커/황태연 역
99 왜 인간인가? • 강대석 지음	**111** 헤 겔 • 나까야 조우/황세연 역
100 왜 철학인가? • 강대석 지음	**112** 탈현대 사회사상의 궤적 • 비판사회학회 지음
101 왜 유물론인가? • 강대석 저	**113** 역사가 말 못하는 것 • 민상기 지음
102 경제학의 선구자들 20 • 일본경제신문사 엮음/김종호 역	**114** 동성애 욕망 • 기 오껭겜 지음/윤수종 옮김
103 남 영 동 • 김근태 저	**115** 성(性) 혁명 • 빌헬름 라이히 지음/윤수종 옮김
104 다시하는 강의 • 이영희, 한완상 외 저	**116** 성(性) 정치 • 빌헬름 라이히 지음/윤수종 옮김
105 철학의 명저 20 • 한국철학사상연구회 엮음	**117** 성(性) 자유 • 다니엘 게링 지음/윤수종 옮김
106 민족문학의 길 • 구중서 저	**118** 분열과 혁명의 영토 • 신승철 지음
107 맑스, 프로이트, 니체를 넘어서 • 서울사회과학연구소 저	**119** 사랑과 욕망의 영토 • 신승철 지음
108 일본적 생산방식과 작업장체제 • 서울노동정책연구소 저	**120** 인동의 세월:1980~1985 • F. 가타리 지음/윤수종 옮김

김종엽 저/420쪽/고급양장 신국판/
정가 28,000원

인격의 철학, 철학의 인격

한 철학자의 눈에 비친 인격에 대한 고찰!

저자는 여러 철학자들의 사유에 내재된 진정한 개성과 삶의 관점을 드러내 인격적 정체성이 무엇인지를 밝히고자 했다.

이 저서는 인격적 정체성을 사물과 구별되는 존재의 세계에서 설명하려는 실천적 과제를 안고 있습니다. 더불어 그것을 비판하는 논점과도 논쟁할 것입니다. 인격적 정체성을 정당화하려는 철학적 노력은 단순히 물리적 세계에 역행하는 무모한 시도가 아닙니다. 인격적 정체성에 대한 질문은 개별적 실존이 어떻게 변화무쌍한 삶의 실현과정에서 자기 자신과 동일함을 유지하며, 또한 동일함에 이를 수 있는지를 묻습니다.

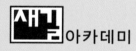아카데미

도서
출판 青史